职业教育汽车类专业新形态系列教材

Technology

Evolution

新能源 汽车维护

主　编◎胡振川　李　霞

首都经济贸易大学出版社
Capital University of Economics and Business Press
·北京·

图书在版编目（CIP）数据

新能源汽车维护 / 胡振川，李霞主编. -- 北京 : 首都经济贸易大学出版社，2024. 10. -- ISBN 978-7-5638-3720-5

Ⅰ. U469.707

中国国家版本馆 CIP 数据核字第 202425AE10 号

新能源汽车维护

XINNENGYUAN QICHE WEIHU

主　编　胡振川　李　霞

责任编辑　王　猛

封面设计　风得信·阿东 FondesyDesign

出版发行　首都经济贸易大学出版社

地　　址　北京市朝阳区红庙（邮编 100026）

电　　话　（010）65976483　65065761　65071505（传真）

网　　址　http://www.sjmcb.com

E-mail　publish@cueb.edu.cn

经　　销　全国新华书店

照　　排　北京砚祥志远激光照排技术有限公司

印　　刷　北京九州迅驰传媒文化有限公司

成品尺寸　185 毫米×260 毫米　1/16

字　　数　206 千字

印　　张　10.25

版　　次　2024 年 10 月第 1 版　2024 年 10 月第 1 次印刷

书　　号　ISBN 978-7-5638-3720-5

定　　价　45.00 元

编委会

主　编：胡振川　李　霞

副主编：张　军　程　彬　王　阳

参　编：张万东　何立特　贾雪梅　周建锋

孙宗权　秦　超　刘琦琪　李　靖

主　审：李森浩　唐跃辉

前言

进入 21 世纪，全球面临严峻的能源和环保问题，世界各主要汽车生产企业均投入大量人力、财力研发新能源汽车，将发展新能源汽车作为提高产业竞争力、占据未来汽车市场制高点的重要举措。自 2012 年国务院发布《节能与新能源汽车产业发展规划（2012—2020 年）》以来，我国新能源汽车产业发展取得了巨大成就，成为世界汽车产业发展转型的重要推动力量之一。“中国制造 2025”和“十四五”等一系列规划将新能源汽车产业列为战略性新兴产业，并对新能源汽车研发、生产、购买、充电设施等上下游相关产业给予了强有力的政策扶持。习近平总书记指出，发展新能源汽车是我国从汽车大国迈向汽车强国的必由之路。据统计，2022 年我国新能源汽车产量持续快速增长，达到 705.8 万辆，同比增长 96.9%；2023 年我国新能源汽车产销将超过 900 万辆。

新能源汽车与传统燃油汽车在结构及控制功能上有着本质的区别，对职业教育汽修人才培养提出了全新的挑战。为了帮助学生掌握新能源汽车维护技能与技巧，在未来的实际工作中能快捷、准确地诊断并排除故障，达到修复目的，本书作者结合多年的新能源汽车维护实践和教学经验，围绕新能源汽车专业的教学要求，突出职业教育特点，根据一线维修实际，分析出岗位典型工作任务及新能源汽车常见维护保养项目，构建起系统化的新能源汽车维护课程体系。

本书以理论知识为纲，以模块化任务为目，系统地将知识和任务串联为一体，以任务实施和任务评价为主线组织教学，在强化实操的同时，也能巩固学生理论知识，实现理论与实践一体化。对于实际操作过程中经常遇到的一些重点、难点问题，本教材重点强化汽车维修人员的实践操作及检测维修技能，同时采用较多篇幅介绍目前新能源汽车采用的新技术、新的诊断设备、新的诊断方法和新的维修理念，力求做到理论与实践相结合，重在理清维修人员的维修思路，提升他们的操作技能，使维修人员在实际工作中能够实现举一反三。

本教材由重庆市两江职业教育中心组织编写。胡振川、李霞为主编，张军、程彬、王阳为副主编，参编人员为张万东、何立特、贾雪梅、周建锋、孙宗权、秦超、刘琦琪、李靖。李森浩、唐跃辉为主审。

由于时间和作者水平所限，书中难免有不足之处，敬请广大读者批评指正。

目录

项目一　新能源汽车维护准备

随着新能源汽车制造业的不断进步，新技术、新材料得到了广泛应用，使得新能源汽车的性能有了很大程度的提高，使用寿命也得到了延长。但是无论新能源汽车的性能多么优越，随着行驶里程的增加，其零件都会逐渐磨损，性能状况也会不断变差。为了保证新能源汽车的良好安全使用，必须对新能源汽车进行维护与保养。

任务一　新能源汽车维护认知

【案例引入】

小李是一名刚入职的新能源汽车售后实习生，他该如何向顾客介绍新能源汽车维护的意义、类别？传统燃油车与新能源汽车的维护有什么区别？

【任务目标】

技能目标

1. 明确动力蓄电池及充电系统的安装位置及维护内容
2. 明确驱动及冷却系统的安装位置及维护内容
3. 明确新能源汽车底盘的维护内容及特点
4. 明确新能源汽车空调系统的安装位置及维护内容
5. 规范进行保养里程清零

素养目标

1. 在工作过程中与小组其他成员合作、交流，形成团队合作意识，锻炼沟通能力
2. 养成 7S 的工作习惯
3. 养成服从管理、规范作业的良好工作习惯
4. 提高与时俱进、不断学习的意识
5. 培养爱国情怀，提升民族自豪感

【任务实施】

一、知识准备

（一）新能源汽车维护的分类、周期及作业范围

1. 维护的分类及周期

为规范新能源汽车维修企业的经营行为，杜绝维修人员技术掌握程度不足、操作不规范给人民生命和财产造成的危害，上海市汽车维修行业协会于 2018 年 3 月成立新能源汽车维修专业委员会，同时聘请新能源汽车维修专家提供咨询。

汽车维护周期是指汽车进行同级维护之间的间隔期（行驶里程或时间）。我国国家标准《汽车维护、检测、诊断技术规范》（GB/T 18344—2016）关于汽车维护周期的规定如下：

汽车的维护时间根据车型的不同有所区别，在我国汽车首保时间为行驶里程达到

5 000 公里时。

关于首保时间，不同车型、不同地区的车辆的维护时间有所不同，有的地区要求 3 000 公里进行维护，有的地区要求 5 000 公里进行维护。首保时间不能过早也不能过晚，最佳状况保持在 5 000 公里进行定期维护。

维护周期以及维护内容：汽车行驶至 5 000 公里时，更换机油机滤、空调滤芯；汽车行驶至 10 000 公里时，更换机油机滤、空调滤芯、汽油滤芯；汽车行驶至 15 000 公里时，更换机油机滤、空调滤芯；汽车行驶至 20 000 公里时，更换机油机滤、空调滤芯、汽油滤芯。具体维护内容根据车型的不同和每个地区 4S 店维护规定来决定。

汽车磨合期要注意：不要长时间急加速，尽量保持匀速行驶；车速不宜过快，这样不利于挡位磨合；车辆发动后原地升温，水温达到一定温度后再进行起步；驾驶时选择良好路面。

新能源汽车维护周期根据营运及非营运电动汽车的使用频率进行区分，具体如表 1-1 所示。

表 1-1 维护的分类及周期

序号	维修类别	营运电动汽车	非营运电动汽车	技师技能
1	日常维护	每个营运工作日	—	三类技能
2	一级维护	5 000～10 000 公里或者 1 个月	5 000～10 000 公里或者 6 个月	二类技能
3	二级维护	20 000～30 000 公里或者 6 个月	20 000～30 000 公里或者 1 年	三类技能
4	诊断维修	更换高压系统总成部件（如控制模块、电动压缩机等）；维修仅限于动力蓄电池内独立部件更换（如动力蓄电池内单元格）；高压系统部件外观损坏、变形，严禁维修更换，应报备相应主机厂		二类技能

注：维护作业间隔里程/时间，以先到者为准。

2. 维护作业范围

（1）日常维护。日常维护指以清洁、调整和安检为主要作业内容的车辆维护作业，如表 1-2 所示。

表 1-2 日常维护内容

序号	日常维护	常规系统	电动系统	备注
1	清洁	车身（车窗等）	高压部件相关风冷过滤网	采用压缩空气吹扫或使用工业级吸尘器除尘
2	调整	常规工作介质（油、水、电、胎压等）	高压工作介质（制冷剂、冷却液等）	
		运动部件润滑（门窗铰链）	电动传动系统零部件润滑	

续表

序号	日常维护	常规系统	电动系统	备注
3	安检	底盘（制动、传动、悬挂、转向等）	驱动电机及控制器工作状态检查	任何高压警示，立即停用处理
		电气（灯光、照明、信号等）	仪表指示灯检视	
		电动机运转状态	动力蓄电池、电动辅助系统	

（2）一级维护。一级维护指以清洁、润滑、紧固、调整和仪器检测为主的维护作业，应由二级技能技师执行。高压系统一级维护项目及要求如表 1-3 所示。

表 1-3　一级维护内容

序号	项目	作业内容	具体操作	技术要求
1	驱动电机	驱动电机冷却液的液位和冰点检查	检查驱动电机冷却液的液位和冰点，必要时添加或更换冷却液	液位在指示刻度范围内，冰点根据厂家规定的要求操作
		驱动电机安装支架	目视检查驱动电机外观与安装支架	驱动电机外观无裂纹无破损，安装支架无歪斜开裂等故障现象，支架固定螺栓扭矩符合出厂标准
2	动力蓄电池	动力蓄电池系统（设备）冷却风道滤网	拆卸、清洁、检查滤网	清除积尘，如有损坏或达到产品说明书要求更换条件的，更换滤网
		动力蓄电池系统状态	用专用动力蓄电池维护设备（或外接充电）对单体电池一致性进行维护	动力蓄电池系统中电池单体一致性应满足产品技术要求
		动力蓄电池系统荷电状态（SOC）校准	采用动力蓄电池专用诊断设备（或外接充电）对系统 SOC 校准	系统 SOC 误差值小于 8%
		动力蓄电池安装	目视检查动力蓄电池外观与安装支架	动力蓄电池外观无裂纹无破损，安装支架无歪斜开裂等故障现象，支架固定螺栓扭矩符合出厂标准
		外接充电互锁	外接充电检查	当车辆与外部电路（例如电网、外部充电器）连接时，不能通过其自身的驱动系统使车辆移动
		维修开关	手动检查维修开关	确保可靠安装并清理表面灰尘

续表

序号	项目	作业内容	具体操作	技术要求
3	高压控制系统	整车高压系统故障检查	用专用诊断仪检查车辆高压系统是否报故障，并对故障实施相关作业	高压系统无故障
		高压线束连接器紧固	目视检查、紧固	连接器接触面无过热、烧蚀等现象，紧固扭矩满足技术要求
		高压绝缘状态	使用绝缘测试仪（1 000 V）检测高压系统输入、输出与车体之间的绝缘电阻	绝缘电阻≥20 MΩ
		绝缘防护完整性	目视检查	高压线束绝缘防护层完整，无老化、破损
		高压系统紧固检查	目视检查、紧固	对高压箱、电机控制器等外挂式的高压系统部件检查固定扭矩满足技术要求
4	高压附件系统	电动转向泵安装紧固检查	目视检查、紧固	符合紧固扭矩要求
		充电系统（DC/DC）	功能检查、紧固	对低压蓄电池充电电压符合出厂标准
		电动空调压缩机状态检查	功能检查、紧固	空调制冷符合出厂标准，紧固扭矩符合出厂要求

注：专用检测设备精度应满足有关规定；检测结果应符合国家相关技术标准或原厂要求。

（3）二级维护。二级维护包括常规系统二级维护和高压系统二级维护。常规系统二级维护如表 1-4 所示。

表 1-4　常规系统二级维护内容

序号	检测项目
1	制动性能，检查制动力
2	转向轮定位，主要检查前轮定位角和转向盘自由转动量
3	车轮动平衡
4	前照灯
5	操纵稳定性，有无跑偏、发抖、摆头
6	传动轴，有无泄漏、异响、松脱、裂纹等现象

高压系统二级维护如表 1-5 所示。

表 1-5　高压系统二级维护内容

序号	系统	项目	作业内容	技术要求
1	驱动电机系统	驱动电机	电机接线盒	无电击、烧蚀现象
			电机端三相线螺栓	无松动
			电机端三相屏蔽线	三相屏蔽线与三相线无短路，绝缘电阻≥6 MΩ
			电机防水插件紧固，防水有效	紧固，防水有效
			电机三相线高压电缆	波纹管，无破损或老化
			电机信号线插件	紧固
		电机控制器	逆变器输入、输出端接线盒	无电击、烧蚀现象
			逆变器输出端三相线螺栓	无松动
			逆变器输出端三相线屏蔽线	无短路，绝缘电阻≥5 MΩ
			逆变器防水插件	紧固
			输入端两相母线绝缘防护	无老化、破损、铜线裸露
			输入端两相母线螺栓	无松动
		绝缘检查	A. 相对车体绝缘电阻（绝缘测试仪 1 000 V）	绝缘电阻≥20 MΩ
			B. 相对车体绝缘电阻（绝缘测试仪 1 000 V）	绝缘电阻≥20 MΩ
			C. 相对车体绝缘电阻（绝缘测试仪 1 000 V）	绝缘电阻≥20 MΩ
			逆变器正极对车体绝缘电阻（绝缘测试仪 1 000 V）	绝缘电阻≥20 MΩ
			逆变器负极对车体绝缘电阻（绝缘测试仪 1 000 V）	绝缘电阻≥20 MΩ
		冷却检查	电机通风	正常
			电机冷却风扇	工作正常
			电机冷却液泵	工作正常，冷却液位在规定范围内
			冷却管路	接头无渗漏，管路无破损
2	动力蓄电池	动力蓄电池系统	系统连线	各部位线路固定可靠、整齐
			温度	温度采集数据正常
			单体电压	单体电压集数据正常，电压在规定范围内
			总电压	系统总电压在规定范围内

续表

序号	系统	项目	作业内容	技术要求
2	动力蓄电池	电池箱	冷却风扇工作状态	工作正常
			通风冷却滤网除尘	滤网无堵塞，箱体内无灰尘
			高压线束连接端紧固	连接牢固、可靠
			箱体安装固定检查	螺栓紧固扭矩符合要求
		绝缘检查	正极（输入、输出）对车体绝缘电阻（绝缘测试仪 1 000 V）	绝缘电阻≥20 MΩ
			负极（输入、输出）对车体绝缘电阻（绝缘测试仪 1 000 V）	绝缘电阻≥20 MΩ
		高压配电箱	高压零部件工作状态	正常
			绝缘电阻（绝缘测试仪 1 000V）	绝缘电阻≥20 MΩ
3	高压附件系统	电动转向	工作状况	高压上电状态下正常工作
			直流（DC）/交流（AC）输入、输出电压	符合产品说明书要求
		电动真空助力器	工作状况	高压上电状态下正常工作
			DC/AC 输入、输出电压	符合产品说明书要求
		充电系统	工作状况	高压上电状态下正常工作
			DC/AC 输入、输出电压	符合产品说明书要求
		空调压缩机	工作状况	高压上电、空调制冷状态下正常工作
		暖风制热系统	工作状况	高压上电、空调制冷状态下正常工作

二、维护作业前准备

（1）在进行维护作业前，判断周围环境是否干燥、有无灭火器材等。

（2）维护作业前，做好安全防护准备工作（例如绝缘手套、护目镜、绝缘鞋等的检查与穿戴）。

（3）在进行交流动力蓄电池维护与拆装作业操作时，做好车辆高压电下电的检查工作。

（4）使用绝缘电阻测试仪、万用表等，必须提前校正仪器的准确性。

（5）使用拆装工具时，需要提前准备好绝缘工具。

（6）对检测所获得的数据，必须认真记录、准确计算、仔细分析，保证检测的准确性、快捷性。

三、工具准备

新能源汽车维护工具准备见表 1-6。

表 1-6 新能源汽车维护工具准备清单

类型	名称	规格	图示
防护工具	绝缘手套	绝缘	
	护目镜	绝缘	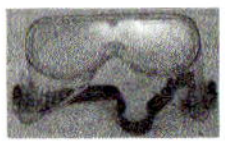
	安全帽	绝缘	
作业工具	诊断仪	X431	
	万用表	优利德	
	绝缘工具	世达	
	兆欧表	FLUKE	

四、实践操作

（一）动力蓄电池的维护内容

新能源汽车与传统汽车在使用、维护方面有着较大差别。众所周知，电池缺乏妥善维护是电池出现故障和安全风险的主要原因之一。良好的使用与维护是降低电源系统故障率、消除系统安全隐患的重要措施。新能源车电源系统的维护包括常规维护、重点维护、贮存维护等。维护人员在进行操作时必须戴好绝缘手套等防护用品，使用前必须熟悉动力蓄电池的结构、工作原理和使用说明书。表 1-7 所示为吉利 EV450 纯电动汽车动力蓄电池的维护内容。

表 1-7　吉利 EV450 动力蓄电池维护项目及说明

总成	维护项目	维护内容
动力蓄电池总成	电池箱外围	电池箱体（含尾部挂梁）与车辆底盘的固定螺柱紧固检查
		电池箱体（含尾部挂梁）与车辆底盘的固定螺柱腐蚀/破损检查
		高压连接器公插与母插清洁度/腐蚀/破损检查
		低压连接器公插与母插连接可靠性检查
		低压连接器公插与母插清洁度/腐蚀/破损检查
		电池箱箱体划痕/腐蚀/变形/破损检查
		电池下箱体底部防石击胶出现的划痕/腐蚀/破损检查
		电池状态参数/SOC/温度/电池单元（Cell）电压检查
	电池状态	Pack 绝缘阻值检查

（二）充电系统的维护内容

为延长高压电池包使用寿命，必须定期采用均衡充电方式对高压电池包进行维护。均衡充电无需特殊操作，是指在一般充电完成后继续充电一段时间，高压电池包管理系统会对各个锂电池单体进行平衡操作。均衡充电方式可以使各个单体的电压达到基本一致，从而保证高压电池包整体性能良好。长期未进行均衡充电时，部分车型组合仪表界面上会出现“请充电保持高压电池均衡”的信息，以提醒用户对高压电池包进行维护。常温状态下，一般至少需要 5 个小时才能完成包括均衡充电在内的充电过程。表 1-8 所示为吉利 EV450 纯电动汽车充电系统的维护内容。

表 1-8　吉利 EV450 充电系统维护项目及说明

总成	维护项目	维护内容
充电系统	充电口及高压线	检查并视情况处理
	车载充电机功能测试	检查并视情况处理
	DC/DC 功能	检查输出电压并处理
	快充口绝缘检测	测量快充口绝缘电阻

（三）驱动及冷却系统的维护内容

新能源汽车的驱动系统主要由驱动电机及其控制系统、变速器及驱动桥组成。冷却系统的作用就是通过冷却液循环散热为驱动电机、车载充电机（如配备）、电机控制器这三大部件进行散热。驱动及冷却系统的维护主要涉及驱动电机、驱动电机控制器、减速器、冷却系统等。表 1-9 所示为吉利 EV450 纯电动汽车驱动及冷却系统的维护内容。

表 1-9　吉利 EV450 驱动及冷却系统维护项目及说明

总成	维护项目	维护内容
驱动电机	清洁	清洁电机外壳体，保证无水渍、泥垢
	电机水冷系统	检查管路有无老化、渗漏
	电机机械连接紧固	检测螺栓上的漆标，若漆标位置有移动，则对螺栓进行紧固，若无则不做要求
	接地线连接	电机接地线部位的接地电阻不大于 0.1Ω
驱动电机控制器	绝缘、接地、检测	绝缘电阻≥20 MΩ；接地电阻≤100 MΩ
	不可维修件，无需维护	
减速器	齿轮油	检查或更换
冷却系统	冷却液	液位检查或更换，冰点测试
	水泵及冷却管路	检查渗漏情况并视情况处理
	散热水箱	检查并清洁

（四）空调系统的维护内容

新能源汽车空调系统主要包括一体式电动压缩机及控制器、空调制冷管路、PTC 加热器、热交换器、PTC 电动水泵等。其主要维护内容涉及制冷系统检查、制暖系统检查等。表 1-10 所示为吉利 EV450 纯电动汽车空调系统的维护内容。

表 1-10　吉利 EV450 空调系统维护项目及说明

系统	维护项目	维护内容
制冷系统	电动压缩机检查	检查异响
	绝缘性检查	检查电动压缩机绝缘电阻
	制冷功能测试	测试并处理
	线束及插接件	检查并视情况处理
	管路及固定件	检查并视情况处理
	制冷排水口	检查并视情况处理
	空调滤芯	检查并视情况处理
制暖系统	暖风功能测试	测试并处理

（五）新能源汽车底盘的维护内容

新能源汽车底盘的维护内容主要包括转向系统、制动系统和行驶系统。其主要维护内容涉及转向横拉杆防尘套检查、电动助力转向功能测试、制动液液位检查、真空泵及控制器检查、制动摩擦片检查、前后悬架及轮胎检查、更换减速器油、半轴防尘套检查等。

表 1-11 所示为吉利 EV450 纯电动汽车底盘的维护内容。

表 1-11　吉利 EV450 底盘维护项目及说明

系统	维护项目	维护内容
转向系统	紧固件	检查并视情况处理
	转向横拉杆防尘套	检查并视情况处理
	电动助力转向功能	路试并视情况处理
制动系统	驻车制动器	检查并视情况处理
	制动液	液位检查
	真空泵及控制器	检漏并视情况处理
	制动摩擦片	检查并视情况处理
	制动管路及分泵	检查渗漏
行驶系统	副车架及各紧固件	检查拧紧
	前后弹簧、减震器	检查渗漏等
	轮胎	检查胎压

（六）电动汽车保养里程清零（吉利 EV450）

（1）打开车门，安装三件套。

（2）打开启动开关，仪表显示行驶里程，如图 1-1 所示。

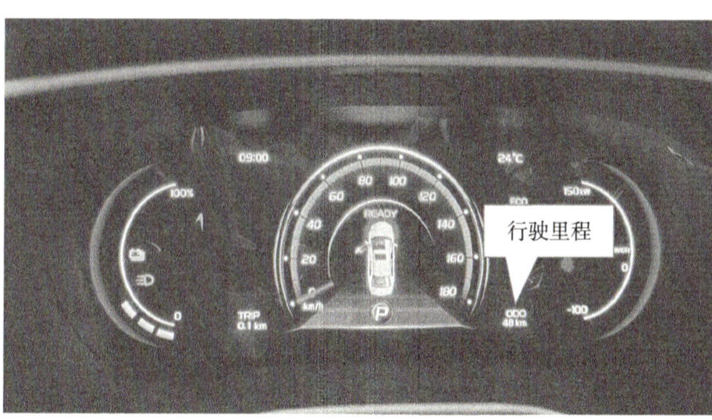

图 1-1　行驶里程清零前

（3）连接解码仪进行保养里程清零，具体流程：开机→EV450→仪表板系统（IPK）→标定→里程清零。

（4）显示“打开点火开关至 ON 挡，发动机不启动”后，点“执行”。

（5）显示“里程完成且成功，里程清零完成”，点“退出”。

此时，仪表显示如图 1-2 所示。

图 1-2　行驶里程清零后

五、填写工单

新能源汽车维护准备任务工单见表 1-12。

表 1-12　新能源汽车维护准备任务工单

<table>
<tr><td rowspan="2">动力蓄电池检查</td><td rowspan="2">工作任务单</td><td>班级：</td></tr>
<tr><td>姓名：</td></tr>
<tr><td colspan="3">1. 学习任务
小李是一名刚入职的新能源汽车售后实习生，他该如何向顾客介绍新能源汽车维护的意义、类别？传统燃油车与新能源汽车的维护有什么区别？</td></tr>
</table>

<table>
<tr><td>任务</td><td colspan="2">自测标准</td><td>学习建议</td></tr>
<tr><td rowspan="4">资料准备</td><td>防护装备</td><td>车内外三件套</td><td rowspan="4">工欲善其事，必先利其器。完成好学习任务的第一步是熟悉并掌握新能源汽车维护相关的工具设备，做好准备工作</td></tr>
<tr><td>实训车辆</td><td>实训车辆等</td></tr>
<tr><td>工具设备</td><td>防护工具、绝缘工具等</td></tr>
<tr><td>辅助资料</td><td>汽车维修手册、教材</td></tr>
<tr><td rowspan="3">实施步骤</td><td>动力蓄电池的维护内容</td><td>吉利 EV450 电池维护项目及说明</td><td rowspan="3">维护人员在进行操作时必须戴好绝缘手套等防护用品，使用前必须熟悉动力蓄电池的结构、工作原理和使用说明书</td></tr>
<tr><td>充电系统的维护内容</td><td>吉利 EV450 充电维护项目及说明</td></tr>
<tr><td>驱动及冷却系统的维护内容</td><td>吉利 EV450 驱动冷却维护项目及说明</td></tr>
</table>

续表

<table>
<tr><th>任务</th><th colspan="2">自测标准</th><th>学习建议</th></tr>
<tr><td rowspan="3">实施步骤</td><td>空调系统的维护内容</td><td>吉利 EV450 空调维护项目及说明</td><td rowspan="3">维护人员在进行操作时必须戴好绝缘手套等防护用品，使用前必须熟悉动力蓄电池的结构、工作原理和使用说明书</td></tr>
<tr><td>新能源汽车底盘的维护内容</td><td>吉利 EV450 底盘维护项目及说明</td></tr>
<tr><td>吉利 EV450 电动汽车保养里程清零</td><td>清零的步骤</td></tr>
<tr><td colspan="4">2. 学习笔记</td></tr>
<tr><td colspan="4">（1）吉利 EV450 动力蓄电池及充电系统的安装位置及维护内容。</td></tr>
<tr><td colspan="4">（2）吉利 EV450 进行保养里程清零的步骤。</td></tr>
<tr><td colspan="4">（3）吉利 EV450 维护准备的注意事项。</td></tr>
</table>

六、任务评价

学生对各自完成的任务和小组代表展示的情况进行自评（见表 1-13）、互评（见表 1-14），教师按考核及评价表（见表 1-15）对学生训练过程、训练结果（含任务工单）进行评估。

（一）自我评价

（1）训练任务的关键技能及基本技能有没有掌握？

评价情况：____

（2）训练任务的目标有没有实现？效果如何？

评价情况：____

（3）100 分的任务，您给自己打多少分？____________________

表 1-13　新能源汽车维护准备质量评价表

项目	检查点	评价标准	配分	检测记录	得分
作业前准备	场地安全、安全防护准备	遗漏不得分	10		
	车辆熄火状态检查	操作不准确不得分	10		
保养作业	动力蓄电池的维护内容学习	了解不准确不得分	10		
	充电系统的维护内容学习	了解不准确不得分	10		
	驱动及冷却系统的维护内容学习	了解不准确不得分	10		
	空调系统的维护内容学习	了解不准确不得分	10		
	新能源汽车底盘的维护内容学习	了解不准确不得分	10		
	吉利 EV450 电动汽车保养里程清零学习	了解不准确不得分	10		
	充电系统的维护内容	了解不准确不得分	10		
安全操作		违反安全规章 1 项扣 2 分（扣完为止），严重违章不得分	10		

（二）小组评价

（1）训练任务的关键技能及基本技能有没有掌握？

评价情况：______

（2）训练任务的目标有没有实现？效果如何？

评价情况：______

参评人员：______

（3）100 分的任务，您给他（她）打多少分？______

表 1-14　新能源汽车维护准备学习效能评价表

序号	项目	内容	程度	不能的原因
1	知识学习	动力蓄电池及充电系统的安装位置及维护内容	□ 能　□ 不能	
2		驱动及冷却系统的安装位置及维护内容	□ 能　□ 不能	
3		新能源汽车底盘的维护内容及特点	□ 能　□ 不能	
4		新能源汽车空调系统的安装位置及维护内容	□ 能　□ 不能	
5		规范进行保养里程清零	□ 能　□ 不能	

续表

序号	项目	内容	程度	不能的原因
6	技能学习	新能源汽车维护检查的工具设备的选择	□ 能　□ 不能	
7		动力蓄电池的检查操作	□ 能　□ 不能	
8		规范进行保养里程清零操作	□ 能　□ 不能	
经验积累与问题解决				
经验积累			问题解决	
签审	1. 学生评价委员会意见： 年　月　日			评价等级认定
	2. 指导教师意见： 年　月　日			

（三）教师评价

教师按考核及评价表对学生训练过程、训练结果（含任务工单）进行评估。

评价情况：______________________________

教师签名：__________　　日期：______年______月______日

表 1-15　考核及评价表

姓名：__________　身份证号：______________　学号：______________

专业：__________　班级：________________　日期：______________

序号	检查项目	自我评价	小组评价	教师评价	备注
1	遵守安全操作规范（10 分）				
2	态度端正，工作认真，按步骤操作（10 分）				
3	动力蓄电池、充电系统检查的内容（10 分）				
4	驱动及冷却系统的维护内容（10 分）				
5	吉利 EV450 电动汽车保养里程清零（20 分）				
6	遵守纪律（10 分）				
7	做好 7S 管理工作（10 分）				
8	完成本工作任务单的全部内容（20 分）				
合计					
总分					

（四）综合评价

新能源汽车维护准备任务综合能力评价表见表 1-16。

表 1-16　新能源汽车维护准备任务综合能力评价表

学习任务名称		学习时间	
班级		学习团队	

评价指标		评价情况	否定结果原因	自评	互评	师评
1	学习态度	□优秀　□良好　□一般　□差				
2	知识学习	□优　□良　□中　□差				
3	技能学习	□优　□良　□中　□差				
4	完成时间	□提前　□准时　□延后　□未完成				
5	保养质量	□合格　□不良　□返修　□报废				
6	成果展示	□清晰流畅　□需要补充　□不清晰流畅				
7	操作方法	□正确　□部分正确　□不正确				
8	安全规范	□很好　□好　□较好　□不好				
9	7S 管理	□很好　□好　□较好　□不好				
10	分工协作	□很好　□好　□较好　□不好				
11	沟通交流	□很好　□好　□较好　□不好				
12	问题解决	□及时　□较及时　□不及时				
13	创新精神	□优秀　□良好　□一般　□不足				
14	规划掌控	□很好　□好　□较好　□不好				

学习任务完成自评总结		亮点	
		缺点	

团队评价	团队自评	□优　□良　□中　□差	团队互评	□优　□良　□中　□差

学生个人评价	姓名	项目															
		1	2	3	4	5	6	7	8	9	10	11	12	13	14	15	16

审定意见	学习组长	指导教师	教研组长
	年　月　日	年　月　日	年　月　日

七、拓展学习

（一）学习感想交流

中国汽车工业协会数据显示，2022 年我国新能源汽车累计销量突破 600 万辆大关。伴随新能源汽车市场迅猛发展，我国新能源汽车保有量也悄然上升至 1 400 万辆左右。当前，新能源汽车市场规模不断扩大，关系消费者用车感受的车辆全生命周期服务体系建设已被提上日程。

随着我国新能源汽车产业的发展、相关政策的调整与完善以及新能源汽车保有量的迅速增加，汽车后市场发展迅猛，市场前景广阔。截至 2022 年 6 月底，我国新能源汽车后市场规模已达到 2 002 亿元。随着新能源汽车的飞速发展与汽车保有量的不断提高，与新能源汽车相关的服务市场也享受到了发展的红利。

将你的感想分享给老师和同学吧！

（二）课后作业

（1）进行下一任务新能源汽车高压作业前场地准备学习信息收集与筛选和资源的准备。

（2）进行下一任务新能源汽车高压作业前场地准备学习设备与工具的准备。

任务二　新能源汽车高压作业前场地准备

【案例引入】

一辆吉利 EV450 纯电动汽车进厂维修。为保证安全检修，需要对该纯电动汽车进行高压作业前场地准备工作。主管把检修的任务安排给你，你能完成这个任务吗？

【任务目标】

技能目标

1. 正确完成工作前场地安全检查工作
2. 正确完成工作前个人防护准备工作
3. 完成检查各高压插件安装工作
4. 完成对低压蓄电池电压测量及车辆识别码信息记录工作

素养目标

1. 在工作过程中与小组其他成员合作、交流，形成团队合作意识，锻炼沟通能力
2. 养成 7S 的工作习惯
3. 养成服从管理、规范作业的良好工作习惯
4. 提高与时俱进、不断学习的意识
5. 培养爱国情怀，提升民族自豪感

【任务实施】

一、知识准备

（一）吉利 EV450 电动汽车安全操作规定

（1）操作人员必须通过企业高压作业专项培训并获得资格认证。

（2）操作人员体内如植入电子医疗装置，可能会影响其功能。

（3）操作人员必须严格遵守“双人作业”安全规范。

（4）操作人员必须严格遵守“单手操作”安全规范。

（5）操作人员必须严格按照作业要求有效佩戴绝缘护具。

（6）操作人员必须严格按照作业要求正确使用绝缘工具。

（7）操作人员必须严格按照作业要求检查确认维修场地。

（8）操作人员必须严格遵守车辆使用要求和维修规范。

（二）吉利 EV450 断电流程

（1）关闭起动开关并妥善保管钥匙。

（2）断开低压蓄电池负极并防护。

（3）检查并佩戴有效绝缘手套。

（4）断开直流母线连接器并防护。

（5）静置等待 5 分钟以上。

（6）检测高压系统漏电电压应≤50 V。

（7）检测高压系统切断电压应≤5 V。

（8）遮盖或阻隔相邻部件（区域）。

二、维护作业前准备

（1）在进行维护作业前，判断周围环境是否干燥、有无灭火器材等。

（2）维护作业前，做好安全防护准备工作（例如绝缘手套、护目镜、绝缘鞋等的检查与穿戴）。

（3）在进行充电系统维护与慢充电口拆装作业操作时，做好车辆高压电下电的检查工作。

（4）使用绝缘电阻测试仪、万用表等，必须提前校正仪器的准确性。

（5）使用拆装工具时，需要提前准备好绝缘工具。

（6）对检测所获得的数据，必须认真记录、准确计算、仔细分析，保证检测的准确性、快捷性。

三、工具准备

新能源汽车高压作业前场地准备清单见表 1-17。

表 1-17　新能源汽车高压作业前场地准备清单

类型	名称	规格	图示
防护工具	绝缘手套	绝缘	
	护目镜	绝缘	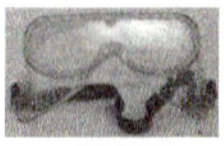
	安全帽	绝缘	

续表

类型	名称	规格	图示
作业工具	诊断仪	X431	
	万用表	优利德	
	绝缘工具	世达	
	兆欧表	FLUKE	

四、实践操作

（一）工作前场地安全检查

工作前场地安全检查主要包含警示牌、围栏、灭火器、防火沙、车辆放置、环境是否潮湿等内容，典型的检查项目分别如图 1-3 至图 1-5 所示。

图 1-3　车辆围栏、警示牌摆放检查

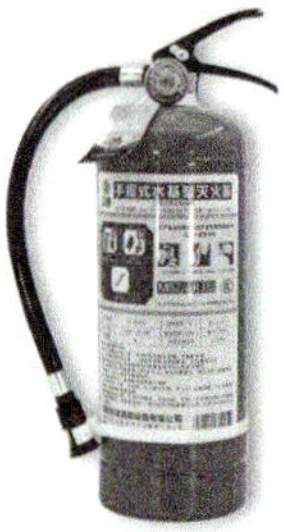

图 1-4　灭火器

图 1-5　确认场地安全，目测车辆停放是否周正

（二）工作前个人防护准备

工作前个人防护准备主要包括检查防护着装、防护手套、静电手套、棉纱手套、安全帽、护目镜等内容，典型的检查项目分别如图 1-6 至图 1-9 所示。

图 1-6　绝缘手套检查

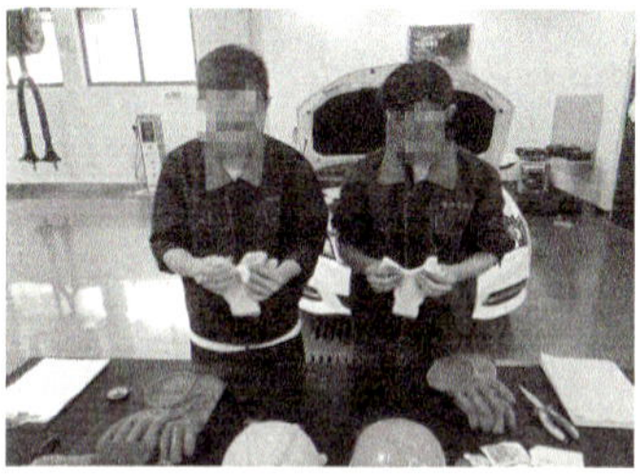

图 1-7　棉纱手套检查

图 1-8　安全帽检查

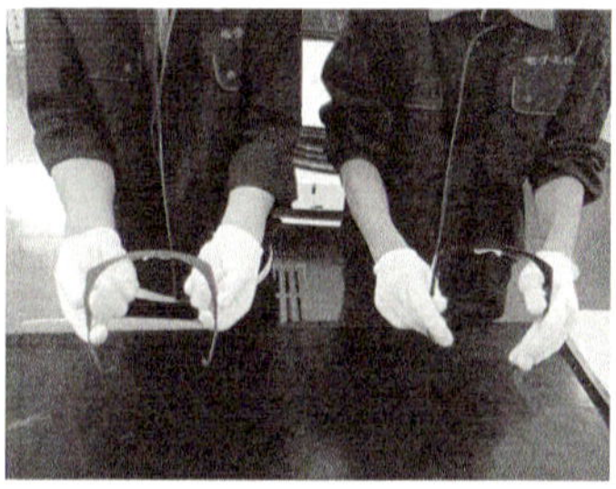

图 1-9　护目镜检查

（三）工作前检测校准仪器、诊断仪器及车内外防护准备

工作前检测校准仪器、诊断仪器及车内外防护准备，主要涵盖工具的检查、仪表的测试、诊断仪的连接、充电设备检查、车内外基本维保措施等内容，典型的检查、防护项目分别如图 1-10 至图 1-17 所示。

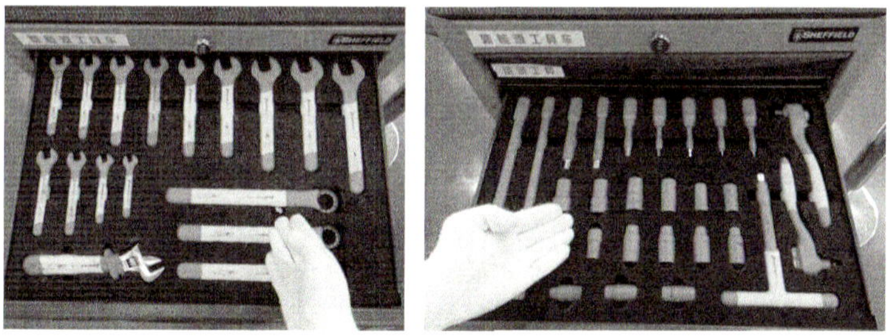

图 1-10　逐层检查工具箱各工具位置

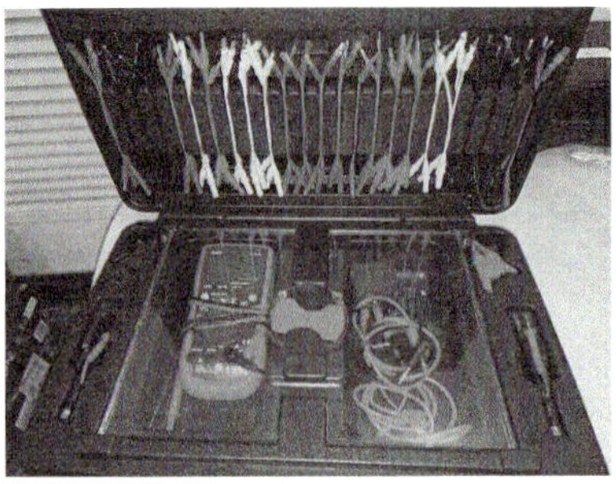

图 1-11　万用接线盒的检查

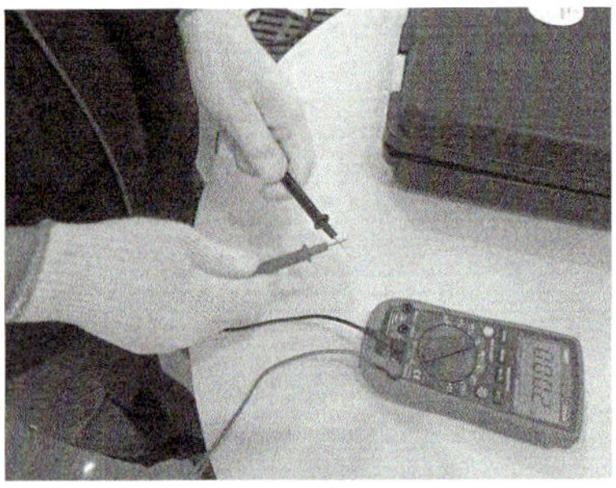

图 1-12　万用表的校准

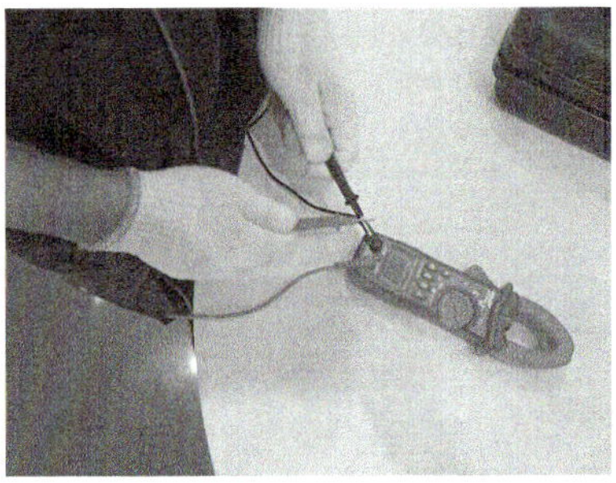

图 1-13　电流钳校准

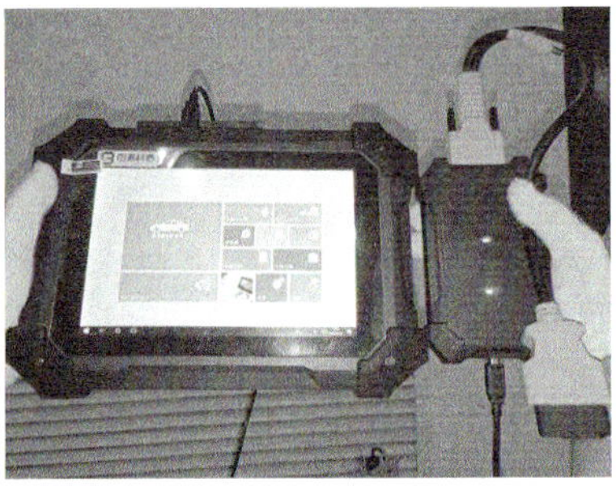

图 1-14　故障诊断仪连接及检查

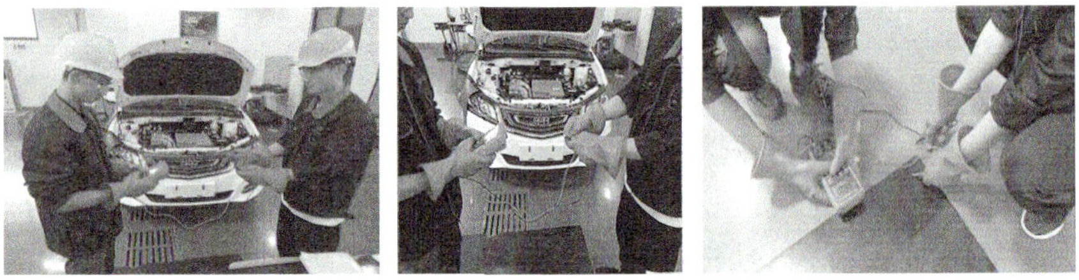

图 1-15　绝缘测试仪使用前作开路、短路以及绝缘垫绝缘性测试

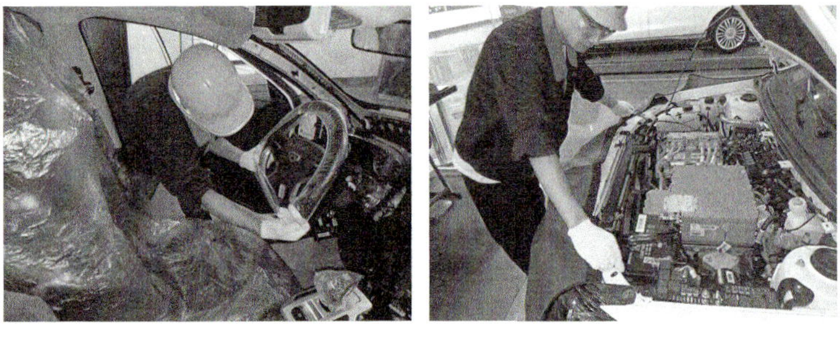

图 1-16　驾驶室、前机舱室防护套件的准备

图 1-17　充电设备检查

（四）检查各高压插件安装情况

高压插件安装检查主要涉及各个高压橙色连接线束是否牢固、插头是否松动等情况，典型的检查项目分别如图 1-18 至图 1-21 所示。

图 1-18　电机控制器输入线束检查

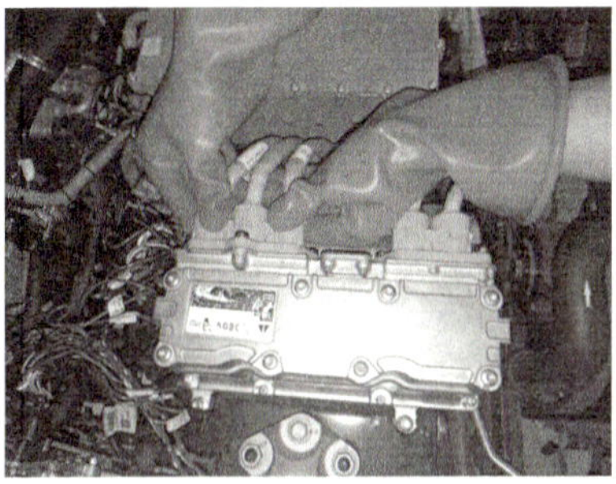

图 1-19　电机控制器输出线束检查

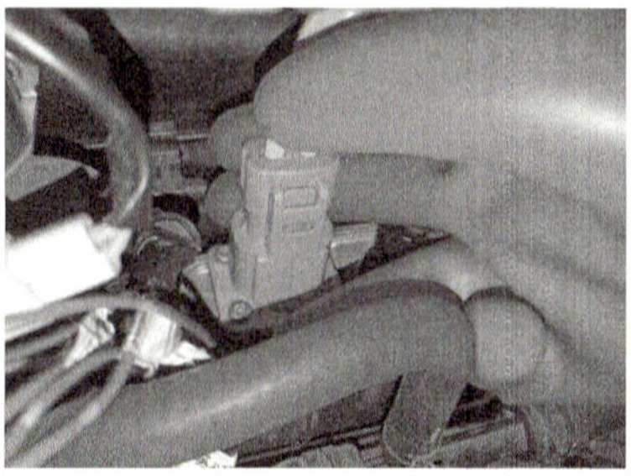

图 1-20　PTC 加热模块线束、插头检查

图 1-21　维修开关插头检查

（五）目测检查冷却液液位、洗涤液液位、制动液液位、蓄电池牢固情况

前机舱内基本检查维保项目包含检查冷却液液位、洗涤液液位、制动液液位、蓄电池牢固情况等，典型的检查项目分别如图 1-22 至图 1-25 所示。

图 1-22　冷却液液位检查

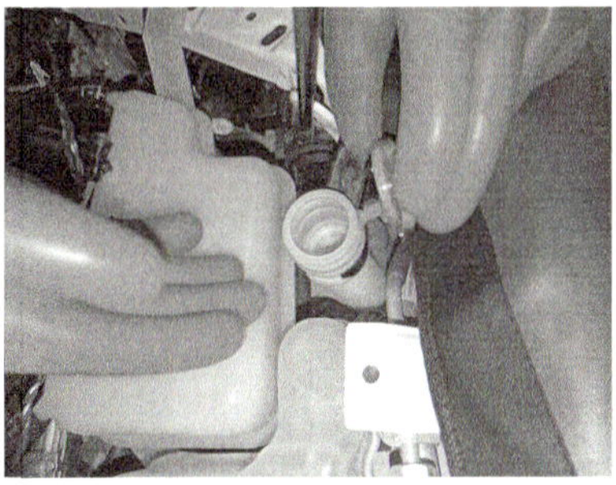

图 1-23　洗涤液液位检查

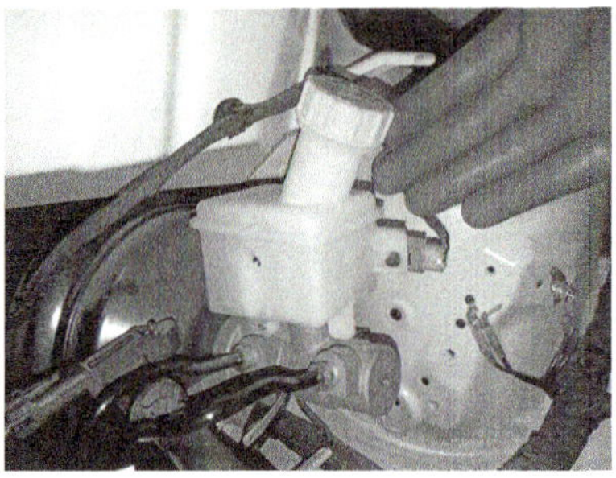

图 1-24　制动液液位检查

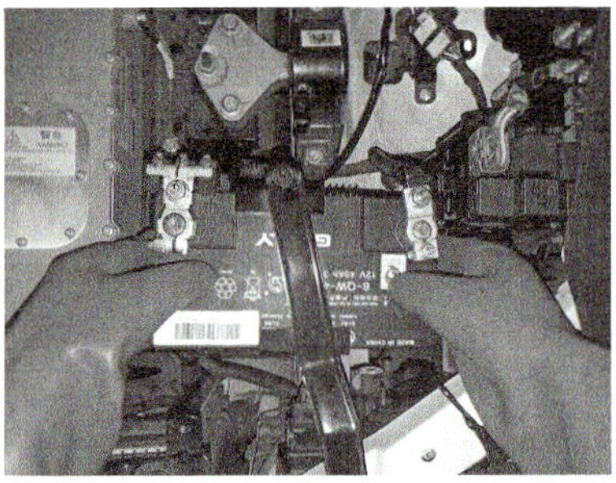

图 1-25　蓄电池牢固情况检查

(六) 低压蓄电池电压测量及车辆识别码信息记录

在准备工作中要进行低压蓄电池电压测量，掌握车辆的基本信息，其检测、记录车辆基本信息的铭牌分别如图 2-24 和图 2-25 所示。

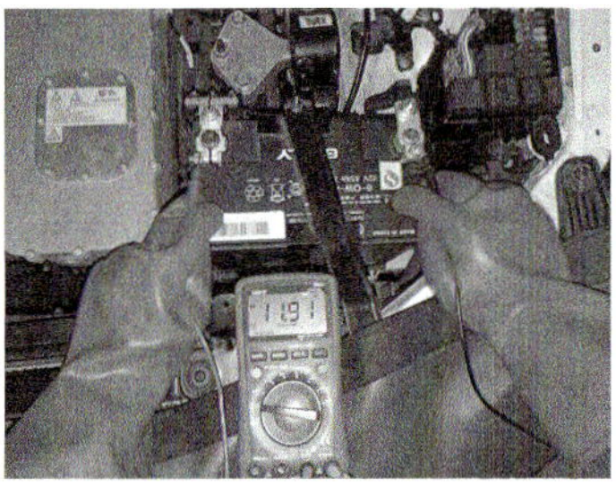

图 1-26　检测蓄电池电压

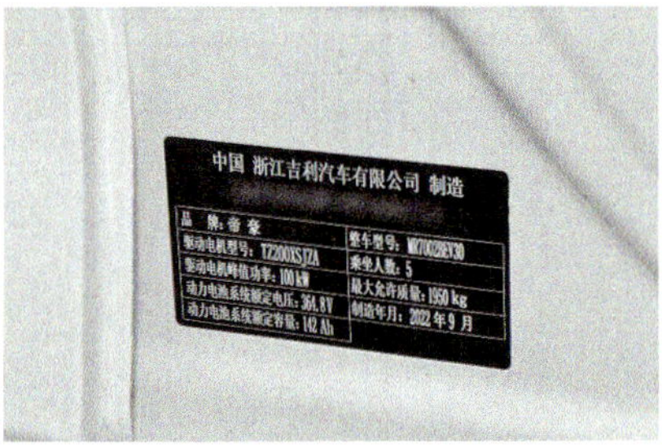

图 1-27　记录车辆基本信息的铭牌

各环节根据场地实际情况，有针对性地进行准备工作，但上述准备工作不得缺少。对于绝缘测试仪的使用，需根据不同仪器的使用说明书要求进行，同时对于车辆场地安全，可根据实际放置挡块等。

五、填写工单

新能源汽车高压作业前场地准备任务工单见表 1-18。

表 1-18　新能源汽车高压作业前场地准备任务工单

<table>
<tr><td rowspan="2">充电系统检查</td><td rowspan="2">工作任务单</td><td>班级：</td></tr>
<tr><td>姓名：</td></tr>
<tr><td colspan="3">1. 学习任务
一辆吉利 EV450 纯电动汽车进厂维修。为保证安全检修，需要对该纯电动汽车进行高压作业前场地准备工作。主管把检修的任务安排给你，你能完成这个任务吗？</td></tr>
</table>

续表

<table>
<tr><th>任务</th><th colspan="2">自测标准</th><th>学习建议</th></tr>
<tr><td rowspan="4">资料准备</td><td>防护装备</td><td>车内外三件套</td><td rowspan="4">工欲善其事，必先利其器。完成好学习任务的第一步是熟悉并掌握新能源汽车维护相关的工具设备，做好准备工作</td></tr>
<tr><td>实训车辆</td><td>实训车辆等</td></tr>
<tr><td>工具设备</td><td>防护工具、绝缘工具等</td></tr>
<tr><td>辅助资料</td><td>汽车维修手册、教材</td></tr>
<tr><td rowspan="6">实施步骤</td><td>工作前场地安全检查</td><td>包含警示牌、围栏、灭火器、防火沙、车辆放置、环境是否潮湿等内容</td><td rowspan="6">各环节根据场地实际情况，有针对性地进行准备工作，但上述准备工作不得缺少。对于绝缘测试仪的使用，需根据不同仪器的使用说明书要求进行，同时对于车辆场地安全，可根据实际放置挡块等</td></tr>
<tr><td>工作前个人防护准备</td><td>主要包括检查防护着装、防护手套、静电手套、棉纱手套、安全帽、护目镜等内容</td></tr>
<tr><td colspan="2">工作前检测校准仪器、诊断仪器及车内外防护准备</td></tr>
<tr><td>检查各高压插件安装情况</td><td>高压插件安装检查主要涉及各个高压橙色连接线束是否牢固，插头是否松动等情况</td></tr>
<tr><td>目测检查冷却液液位、洗涤液液位、制动液液位、蓄电池牢固情况</td><td>前机舱内基本检查维保项目包含冷却液液位、洗涤液液位、制动液液位、蓄电池牢固情况等</td></tr>
<tr><td>低压蓄电池电压测量及车辆识别码信息记录</td><td>在准备工作中要进行低压蓄电池电压测量，并掌握车辆的基本信息</td></tr>
</table>

2. 学习笔记
（1）吉利 EV450 电动汽车安全操作规定。
（2）吉利 EV450 的断电流程。
（3）吉利 EV450 维护作业准备工作的步骤。

六、任务评价

学生对各自完成的任务和小组代表展示的情况进行自评（见表 1-19）、互评（见表 1-20），教师按考核及评价表（见表 1-21）对学生训练过程、训练结果（含任务工单）进行评估。

（一）自我评价

（1）训练任务的关键技能及基本技能有没有掌握？

评价情况：________________________________

（2）训练任务的目标有没有实现？效果如何？

评价情况：________________________________

（3）100 分的任务，您给自己打多少分？________________

表 1-19　新能源汽车高压作业前场地准备质量评价表

项目	检查点	评价标准	配分	检测记录	得分
作业前准备	场地安全、安全防护准备	遗漏不得分	15		
	个人防护准备	操作不准确不得分	15		
保养作业	工作前检测校准仪器、诊断仪器及车内外防护准备	操作不准确不得分	15		
	检查各高压插件安装情况	操作不准确不得分	15		
	目测检查冷却液液位、洗涤液液位、制动液液位、蓄电池牢固情况	操作不准确不得分	15		
	低压蓄电池电压测量及车辆识别码信息记录	操作不准确不得分	15		
安全操作		违反安全规章 1 项扣 2 分（扣完为止），严重违章不得分	10		

（二）小组评价

（1）训练任务的关键技能及基本技能有没有掌握？

评价情况：________________________________

（2）训练任务的目标有没有实现？效果如何？

评价情况：________________________________

参评人员：________________________________

（3）100 分的任务，您给他（她）打多少分？________________

表 1-20 新能源汽车高压作业前场地准备评价表

<table>
<tr><th>序号</th><th>项目</th><th>内容</th><th>程度</th><th>不能的原因</th></tr>
<tr><td>1</td><td rowspan="5">知识学习</td><td>能正确完成工作前场地安全检查工作</td><td>□ 能 □ 不能</td><td></td></tr>
<tr><td>2</td><td>掌握吉利 EV450 电动汽车安全操作规定</td><td>□ 能 □ 不能</td><td></td></tr>
<tr><td>3</td><td>吉利 EV450 断电流程</td><td>□ 能 □ 不能</td><td></td></tr>
<tr><td>4</td><td>了解绝缘工具的使用方法</td><td>□ 能 □ 不能</td><td></td></tr>
<tr><td>5</td><td>掌握新能源汽车高压作业前场地准备流程</td><td>□ 能 □ 不能</td><td></td></tr>
<tr><td>6</td><td rowspan="3">技能学习</td><td>能正确完成工作前个人防护准备工作</td><td>□ 能 □ 不能</td><td></td></tr>
<tr><td>7</td><td>能完成检查各高压插件安装工作</td><td>□ 能 □ 不能</td><td></td></tr>
<tr><td>8</td><td>能完成对低压蓄电池电压测量及车辆识别码信息记录工作</td><td>□ 能 □ 不能</td><td></td></tr>
<tr><td colspan="5">经验积累与问题解决</td></tr>
<tr><td colspan="3">经验积累</td><td colspan="2">问题解决</td></tr>
<tr><td colspan="3"></td><td colspan="2"></td></tr>
<tr><td colspan="3"></td><td colspan="2"></td></tr>
<tr><td rowspan="2">签审</td><td colspan="3">1. 学生评价委员会意见：
年 月 日</td><td>评价等级认定</td></tr>
<tr><td colspan="3">2. 指导教师意见：
年 月 日</td><td></td></tr>
</table>

（三）教师评价

教师按考核及评价表对学生训练过程、训练结果（含任务工单）进行评估。

评价情况：________________

教师签名：__________ 日期：______年______月______日

表 1-21 考核及评价表

姓名：__________ 身份证号：______________ 学号：______________

专业：__________ 班级：________________ 日期：______________

序号	检查项目	自我评价	小组评价	教师评价	备注
1	遵守安全操作规范（10 分）				
2	态度端正，工作认真，按步骤操作（10 分）				
3	工作前场地安全检查和个人防护准备（10 分）				

续表

序号	检查项目	自我评价	小组评价	教师评价	备注
4	工作前检测校准仪器、诊断仪器及车内外防护准备（10 分）				
5	新能源汽车维护前准备作业（20 分）				
6	遵守纪律（10 分）				
7	做好 7S 管理工作（10 分）				
8	完成本工作任务单的全部内容（20 分）				
合计					
总分					

（四）综合评价

新能源汽车高压作业前场地准备任务综合能力评价表见表 1-22。

表 1-22　新能源汽车高压作业前场地准备任务综合能力评价表

学习任务名称			学习时间			
班级			学习团队			
评价指标		评价情况	否定结果原因	自评	互评	师评
1	学习态度	□优秀　□良好　□一般　□差				
2	知识学习	□优　□良　□中　□差				
3	技能学习	□优　□良　□中　□差				
4	完成时间	□提前　□准时　□延后　□未完成				
5	保养质量	□合格　□不良　□返修　□报废				
6	成果展示	□清晰流畅　□需要补充　□不清晰流畅				
7	操作方法	□正确　□部分正确　□不正确				
8	安全规范	□很好　□好　□较好　□不好				
9	7S 管理	□很好　□好　□较好　□不好				
10	分工协作	□很好　□好　□较好　□不好				
11	沟通交流	□很好　□好　□较好　□不好				
12	问题解决	□及时　□较及时　□不及时				
13	创新精神	□优秀　□良好　□一般　□不足				
14	规划掌控	□很好　□好　□较好　□不好				
学习任务完成自评总结			亮点			
			缺点			

续表

<table>
<tr><td colspan="2">团队评价</td><td colspan="2">团队自评</td><td colspan="6">□优　□良　□中　□差</td><td colspan="2">团队互评</td><td colspan="6">□优　□良　□中　□差</td></tr>
<tr><td rowspan="7">学生个人评价</td><td rowspan="2">姓名</td><td colspan="16">项目</td></tr>
<tr><td>1</td><td>2</td><td>3</td><td>4</td><td>5</td><td>6</td><td>7</td><td>8</td><td>9</td><td>10</td><td>11</td><td>12</td><td>13</td><td>14</td><td>15</td><td>16</td></tr>
<tr><td></td><td></td><td></td><td></td><td></td><td></td><td></td><td></td><td></td><td></td><td></td><td></td><td></td><td></td><td></td><td></td><td></td></tr>
<tr><td></td><td></td><td></td><td></td><td></td><td></td><td></td><td></td><td></td><td></td><td></td><td></td><td></td><td></td><td></td><td></td><td></td></tr>
<tr><td></td><td></td><td></td><td></td><td></td><td></td><td></td><td></td><td></td><td></td><td></td><td></td><td></td><td></td><td></td><td></td><td></td></tr>
<tr><td></td><td></td><td></td><td></td><td></td><td></td><td></td><td></td><td></td><td></td><td></td><td></td><td></td><td></td><td></td><td></td><td></td></tr>
<tr><td></td><td></td><td></td><td></td><td></td><td></td><td></td><td></td><td></td><td></td><td></td><td></td><td></td><td></td><td></td><td></td><td></td></tr>
<tr><td rowspan="2">审定意见</td><td colspan="5">学习组长</td><td colspan="6">指导教师</td><td colspan="6">教研组长</td></tr>
<tr><td colspan="5">年　月　日</td><td colspan="6">年　月　日</td><td colspan="6">年　月　日</td></tr>
</table>

七、拓展学习

（一）学习感想交流

随着新能源汽车行业的蓬勃发展，新能源汽车维修的痛点愈加凸显：

（1）汽车主机厂对三电系统的维修支持力度不大，专营店在技术、设备方面得不到有效的支持，维修的效率和满意度徘徊在较低水平上。

（2）尽管各学校、培训机构都在快马加鞭地开设新能源汽车维修、维保的课程，但是专业型人才缺口还是非常大。

（3）首批销售的新能源车早已过了质保期甚至临近报废，对于三电系统的保养和维修更是消费者心中的痛。

而当前新能源汽车维修行业中维修工具的配置参差不齐，主要有以下问题：

（1）对工具的使用完全没有要求，存在车辆损伤及人员伤害的极大隐患。

（2）配置不齐全且无标准，导致维保工作开展困难、效率低下。

（3）工具质量差，没有安全或者绝缘认证，面临的安全风险较大。

将你的感想分享给老师和同学吧！

（二）课后作业

（1）进行下一任务动力蓄电池检查学习信息收集与筛选和资源的准备。

（2）进行下一任务动力蓄电池检查学习设备与工具的准备。

项目二　动力蓄电池维护

新能源汽车的主要动力来源是动力电池，实现动力电池电量补给的是充电系统。要想更好地提升新能源汽车的使用效率，就必须做好动力电池及充电系统的维护工作。

任务一　动力蓄电池检查

【案例引入】

车主李先生的吉利 EV450 电动汽车行驶里程到达 20 000 公里时，保养提示灯点亮。到 4S 店后，我们需要根据维护要求对动力蓄电池进行检查。作为维修技师，你能够完成动力蓄电池的检查作业吗？

【任务目标】

技能目标

1. 正确使用动力蓄电池检查的工具设备
2. 正确对新能源汽车进行高压下电操作
3. 完成动力蓄电池检查作业
4. 完成动力蓄电池拆装作业

素养目标

1. 在工作过程中与小组其他成员合作、交流，形成团队合作意识，锻炼沟通能力
2. 养成 7S 的工作习惯
3. 养成服从管理、规范作业的良好工作习惯
4. 提高与时俱进、不断学习的意识
5. 培养爱国情怀，提升民族自豪感

【任务实施】

一、知识准备

首先，我们需要对吉利 EV450 的动力蓄电池有所了解。

（一）安装位置

动力蓄电池总成安装在车体下部，如图 2-1 所示。本车动力蓄电池采用三元锂电池：以钴酸锂、锰酸锂或镍酸锂等化合物为正极，以可嵌入锂离子的碳材料为负极，使用有机电解质。

（二）结构及作用

动力蓄电池的组成部件包括各模组总成、CSC 采集系统、电池控制单元（BMU）、

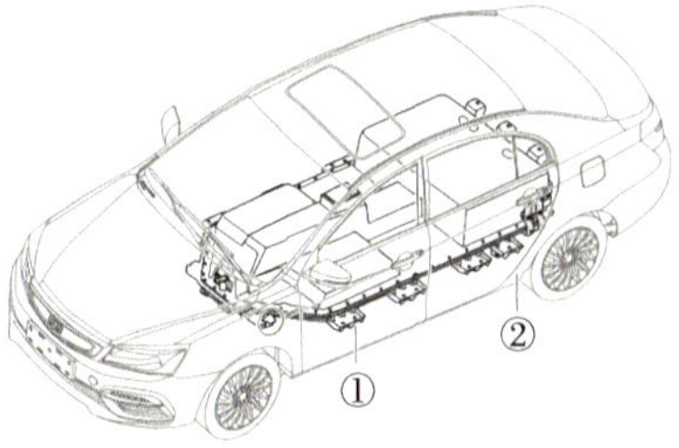

①动力蓄电池总成 ②车身

图 2-1 吉利 EV450 动力蓄电池安装位置

电池高压分配单元（B-BOX）等部件。

1. 电池单体（Cell）

电池单体是直接将化学能转化为电能的基本单元装置，包括电极、隔膜、电解质、外壳和端子，并被设计成可充电。

2. 电池模组（Module）

电池模组将一个以上电池单体按照串联、并联或串并联方式组合，且只有一对正负极输出端子并作为电源使用的组合体。

3. CSC 采集系统

每一个电池单元有多个 CSC 采集系统，以监测其中每个电池单体或电池组单体的电压、温度信息。CSC 采集系统将相关信息上报电池控制单元（BMU），并根据 BMU 的指令执行单体电压均衡。

4. 电池控制单元（BMU）

电池控制单元（BMU）安装于动力蓄电池总成内部，是电池管理系统核心部件。电池控制单元（BMU）将单体电压、电流、温度及整车高压绝缘等信息上报车辆控制单元（VCU）并根据 VCU 的指令完成对动力蓄电池的控制。

5. 电池高压分配单元（B-BOX）

电池高压分配单元（B-BOX）安装在动力蓄电池总成的正负极输出端，由高压正极继电器、高压负极继电器、预充继电器、电流传感器和预充电阻等组成。

6. 直流母线

直流母线位于前副车架上部，在高压零部件检查和维护前，断开直流母线可以确保切断高压。具体方法是：断开 12V 蓄电池正、负电缆，等待 5 分钟后，举升车辆，拔下直流母线连接充电机端插件。

二、维护作业前准备

（1）在进行维护作业前，判断周围环境是否干燥、有无灭火器材等。

（2）维护作业前，做好安全防护准备工作（例如绝缘手套、护目镜、绝缘鞋等的检查与穿戴）。

（3）在进行交流动力蓄电池维护与拆装作业操作时，做好车辆高压电下电的检查工作。

（4）使用绝缘电阻测试仪、万用表等，必须提前校正仪器的准确性。

（5）使用拆装工具时，需要提前准备好绝缘工具。

（6）对检测所获得的数据，必须认真记录、准确计算、仔细分析，保证检测的准确性、快捷性。

三、工具准备

动力蓄电池检验工具准备清单见表 2-1。

表 2-1　动力蓄电池检查工具准备清单

类型	名称	规格	图示
防护工具	绝缘手套	绝缘	
	护目镜	绝缘	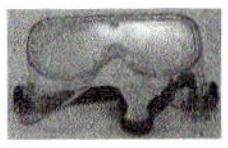
	安全帽	绝缘	
作业工具	诊断仪	X431	
	万用表	优利德	
	绝缘工具	世达	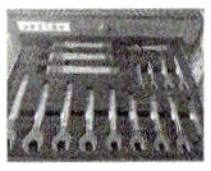
	兆欧表	FLUKE	

四、实践操作

（一）动力蓄电池外观检查

检查动力蓄电池托盘有无变形/磕碰、防撞梁有无损坏、动力蓄电池高低压连接器清洁度/腐蚀/破损/紧固情况。动力蓄电池铭牌信息：标称电压为 346 V；电池容量为 150 Ah。

（二）动力蓄电池紧固检查

检查动力蓄电池总成固定螺栓是否锈蚀及紧固情况、接地线束紧固情况。动力蓄电池固定螺栓紧固力矩为 78 N·m；动力蓄电池接地线紧固情况：①力矩为 9 N·m；②接地电阻，实测值为 0 Ω，标准值≤0.1 Ω。

（三）动力蓄电池总成拆卸

准备更换动力蓄电池前应关闭点火开关，拆下低压蓄电池负极连接线与高压母线插头。车辆举升到合适高度时，举升机要锁止安全锁。电池移动举升平台上升接触到动力蓄电池底部再进行拆卸工作。

（1）关闭启动开关，打开机舱。

（2）断开蓄电池负极电缆，如图 2-2 所示。

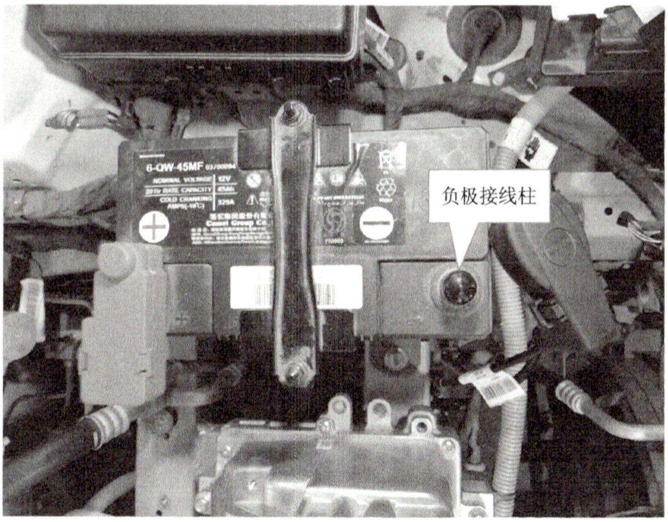

图 2-2 蓄电池负极接线柱

（3）断开直流高压母线：

①向上推动直流母线插头卡扣保险，如图 2-3 所示。

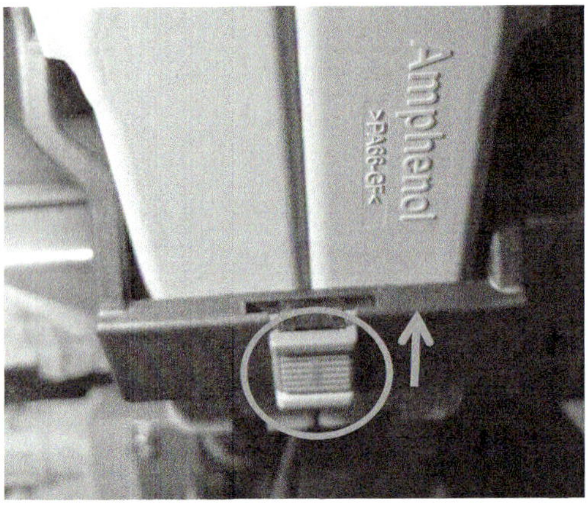

图 2-3　直流母线插头卡扣保险正确方向

②拆卸直流母线连接充电机端插件，如图 2-4 所示。

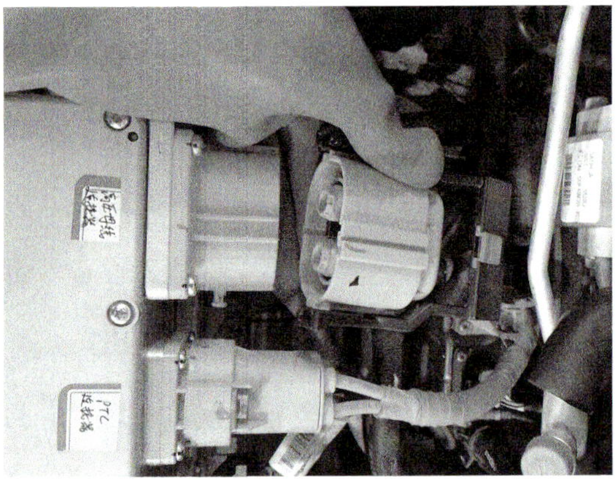

图 2-4　直流母线连接充电机端插件

（4）支撑动力蓄电池总成：

①将车辆用举升机升起。

②置入平台车，使用平台支撑动力蓄电池总成，如图 2-5 所示。

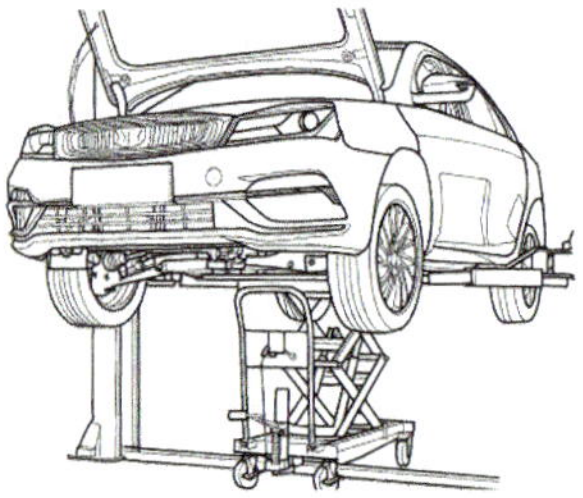

图 2-5　车辆举升过程

（5）拆卸动力蓄电池总成：

①断开动力蓄电池出水管与水泵（电池）的连接，如图 2-6 所示。

图 2-6　动力蓄电池进、出水管与膨胀壶和水泵的连接

②断开动力蓄电池进水管与电池膨胀壶的连接（已提前将电池冷却液排出）。

③断开动力蓄电池的 2 个高压线束连接器（图 2-7 中②所示）。

④断开动力蓄电池与前机舱线束的 2 个低压线束连接器（图 2-7 中①所示）。

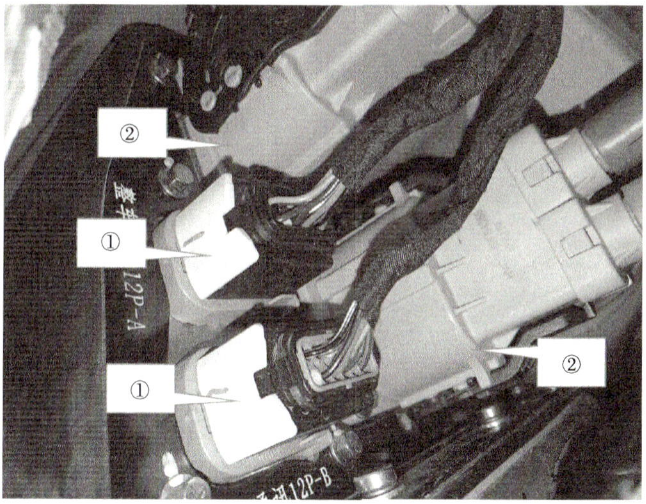

①动力蓄电池高压线束的连接器　②动力蓄电池与前机舱线束连接器

图 2-7　连接器

⑤拆卸动力蓄电池搭铁线固定螺栓，如图 2-8 所示。

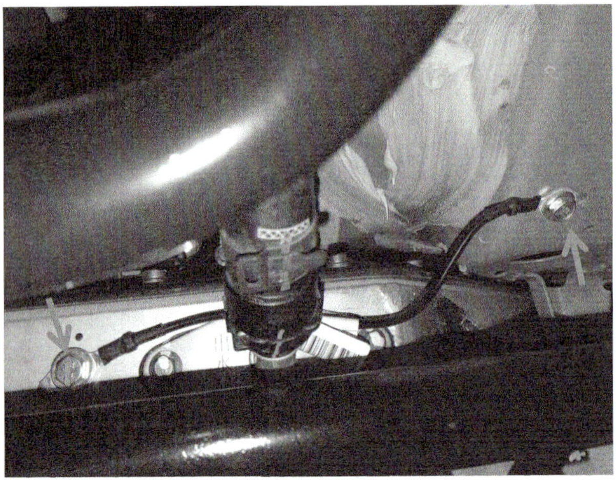

图 2-8　动力蓄电池搭铁线固定螺栓

⑥拆卸动力蓄电池搭防撞梁 4 个固定螺栓，如图 2-9 所示。

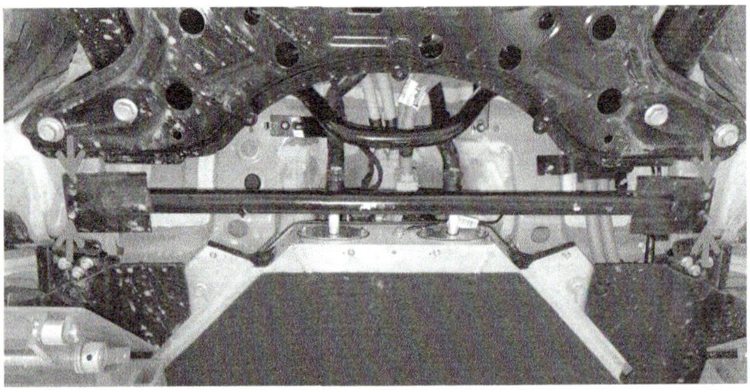

图 2-9　动力蓄电池搭防撞梁固定螺栓

⑦拆卸动力蓄电池总成后部 3 个固定螺栓，如图 2-10 所示。

图 2-10　动力蓄电池总成后部固定螺栓

⑧拆卸动力蓄电池总成前部 2 个固定螺栓，如图 2-11 所示。

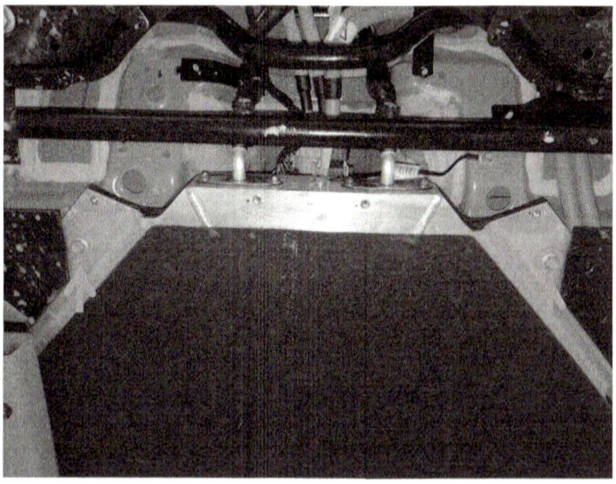

图 2-11　动力蓄电池总成前部固定螺栓

⑨拆卸动力蓄电池总成左右各 7 个固定螺栓，如图 2-12 所示。

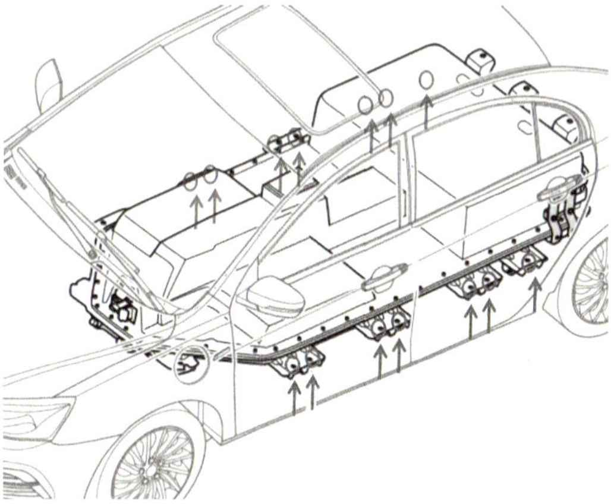

图 2-12　动力蓄电池左右固定螺栓

⑩缓慢降下平台车，取出动力蓄电池总成。

注意：动力蓄电池下降过程中平台车缓慢向前移动，可以避免动力蓄电池与后悬架的干涉。

（四）动力蓄电池总成安装

（1）安装动力蓄电池总成：

①缓慢举升平台车，调整平台车位置，使动力蓄电池总成上的安装孔与车身对齐。

注意：动力蓄电池上升过程中举升平台缓慢向后移动，可以避免动力蓄电池与车身的干涉。

②安装并紧固动力蓄电池总成后部 3 个固定螺栓，力矩：78 N · m。

③安装并紧固动力蓄电池总成前部 2 个固定螺栓，力矩：78 N · m。

④安装并紧固动力蓄电池总成左右各 7 个固定螺栓，力矩：78 N · m。

⑤连接动力蓄电池与前机舱线束的 2 个线束连接器。

⑥连接动力蓄电池的 2 个高压线束连接器。

注意：插接时注意“一插、二响、三确认”。

⑦安装动力蓄电池搭铁线固定螺栓，力矩：9 N · m。

⑧连接动力蓄电池出水管与水泵（电池）。

⑨连接动力蓄电池进水管与电池膨胀壶。

注意：插接时注意“一插、二响、三确认”。

（2）连接直流母线与充电机端插件。

（3）连接蓄电池负极电缆。

（4）加入电池冷却液，进行规范排气操作。

（5）关闭机舱盖。

五、填写工单

动力蓄电池检查任务工单见表 2-2。

表 2-2　动力蓄电池检查任务工单

动力蓄电池检查	工作任务单	班级：
		姓名：

1. 学习任务

车主李先生的吉利 EV450 电动汽车行驶里程到达 20 000 公里时，保养提示灯点亮。到 4S 店后，我们需要根据维护要求对动力蓄电池进行检查。作为维修技师，你能够完成动力蓄电池的检查作业吗？

任务	自测标准		学习建议
资料准备	防护装备	车内外三件套	工欲善其事，必先利其器。完成好学习任务的第一步是熟悉并掌握新能源汽车维护相关的工具设备，做好准备工作
	实训车辆	实训车辆等	
	工具设备	防护工具、绝缘工具等	
	辅助资料	汽车维修手册、教材	
实施步骤	动力蓄电池检查	外观检查、紧固检查等	准备更换动力蓄电池前应关闭点火开关，拆下低压蓄电池负极连接线与高压母线插头。车辆举升到合适高度时，举升机要锁止安全锁。电池移动举升平台上升接触到动力蓄电池底部再进行拆卸工作
	动力蓄电池总成拆卸	关闭启动开关，打开机舱；断开蓄电池负极电缆；断开直流高压母线；支撑；拆卸	

续表

<table>
<tr><th>任务</th><th colspan="2">自测标准</th><th>学习建议</th></tr>
<tr><td>实施步骤</td><td>动力蓄电池总成安装</td><td>安装动力蓄电池总成；连接直流母线连接充电机端插件；连接蓄电池负极电缆；加入电池冷却液，进行规范排气操作；关闭机舱盖</td><td>准备更换动力蓄电池前应关闭点火开关，拆下低压蓄电池负极连接线与高压母线插头。车辆举升到合适高度时，举升机要锁止安全锁。电池移动举升平台上升接触到动力蓄电池底部再进行拆卸工作</td></tr>
<tr><td colspan="4">2. 学习笔记</td></tr>
<tr><td colspan="4">（1）吉利 EV450 动力蓄电池的结构和作用。</td></tr>
<tr><td colspan="4">（2）吉利 EV450 动力蓄电池检查的内容。</td></tr>
<tr><td colspan="4">（3）吉利 EV450 动力蓄电池检查的注意事项。</td></tr>
</table>

六、任务评价

学生对各自完成的任务和小组代表展示的情况进行自评（见表 2-3）、互评（见表 2-4），教师按考核及评价表（见表 2-5）对学生训练过程、训练结果（含任务工单）进行评估。

（一）自我评价

（1）训练任务的关键技能及基本技能有没有掌握？

评价情况：________________

（2）训练任务的目标有没有实现？效果如何？

评价情况：________________

（3）100 分的任务，您给自己打多少分？________________

表 2-3　动力蓄电池检查质量评价表

项目	检查点	评价标准	配分	检测记录	得分
作业前准备	场地安全、安全防护准备	遗漏不得分	10		
	断蓄电池负极，静置 5 分钟	操作不准确不得分	10		

续表

项目	检查点	评价标准	配分	检测记录	得分
保养作业	动力蓄电池外观检查、紧固检查等	操作不准确不得分	10		
	关闭启动开关、打开机舱、断开蓄电池负极电缆	操作不准确不得分	10		
	断开直流高压母线	操作不准确不得分	10		
	将车辆用举升机升起、置入平台车，使用平台支撑动力蓄电池总成	操作不准确不得分	10		
	断开动力蓄电池出水管与水泵（电池）、电池膨胀壶及2个高压线束连接器和2个低压线束连接器	操作不准确不得分	20		
	拆卸动力蓄电池螺栓，缓慢下降平台车取出动力蓄电池总成	操作不准确不得分	10		
安全操作		违反安全规章1项扣2分（扣完为止），严重违章不得分	10		

（二）小组评价

（1）训练任务的关键技能及基本技能有没有掌握？

评价情况：______________________________

（2）训练任务的目标有没有实现？效果如何？

评价情况：______________________________

参评人员：______________________________

（3）100分的任务，您给他（她）打多少分？______________

表2-4　动力蓄电池检查学习效能评价表

序号	项目	内容	程度	不能的原因
1	知识学习	动力蓄电池的安装位置	□能　□不能	
2		动力蓄电池结构组成	□能　□不能	
3		动力蓄电池检查内容	□能　□不能	
4		动力蓄电池的拆装流程	□能　□不能	
5		动力蓄电池拆装的安全规范	□能　□不能	

续表

<table>
<tr><th>序号</th><th>项目</th><th>内容</th><th colspan="2">程度</th><th>不能的原因</th></tr>
<tr><td>6</td><td rowspan="3">技能学习</td><td>动力蓄电池检查的工具设备的选择</td><td>□ 能</td><td>□ 不能</td><td></td></tr>
<tr><td>7</td><td>动力蓄电池的检查操作</td><td>□ 能</td><td>□ 不能</td><td></td></tr>
<tr><td>8</td><td>动力蓄电池的拆装操作</td><td>□ 能</td><td>□ 不能</td><td></td></tr>
<tr><td colspan="6">经验积累与问题解决</td></tr>
<tr><td colspan="3">经验积累</td><td colspan="3">问题解决</td></tr>
<tr><td colspan="3"></td><td colspan="3"></td></tr>
<tr><td colspan="3"></td><td colspan="3"></td></tr>
<tr><td rowspan="2">签审</td><td colspan="4">1. 学生评价委员会意见：
年　月　日</td><td>评价等级认定</td></tr>
<tr><td colspan="4">2. 指导教师意见：
年　月　日</td><td></td></tr>
</table>

（三）教师评价

教师按考核及评价表对学生训练过程、训练结果（含任务工单）进行评估。

评价情况：＿＿＿＿＿＿＿＿＿＿＿＿＿＿＿＿＿＿＿＿＿＿＿＿

教师签名：＿＿＿＿＿＿　　　　日期：＿＿＿年＿＿＿月＿＿＿日

表 2-5　考核及评价表

姓名：＿＿＿＿＿＿　　身份证号：＿＿＿＿＿＿＿＿　　学号：＿＿＿＿＿＿＿

专业：＿＿＿＿＿＿　　班级：＿＿＿＿＿＿＿＿＿＿　　日期：＿＿＿＿＿＿＿

序号	检查项目	自我评价	小组评价	教师评价	备注
1	遵守安全操作规范（10 分）				
2	态度端正，工作认真，按步骤操作（10 分）				
3	动力蓄电池检查的内容（10 分）				
4	动力蓄电池拆卸作业（10 分）				
5	动力蓄电池安装作业（20 分）				
6	遵守纪律（10 分）				
7	做好 7S 管理工作（10 分）				
8	完成本工作任务单的全部内容（20 分）				
合计					
总分					

（四）综合评价

动力蓄电池检查任务综合能力评价表见表 2-6。

表 2-6　动力蓄电池检查任务综合能力评价表

学习任务名称			学习时间			
班级			学习团队			
评价指标		评价情况	否定结果原因	自评	互评	师评
1	学习态度	□优秀　□良好　□一般　□差				
2	知识学习	□优　□良　□中　□差				
3	技能学习	□优　□良　□中　□差				
4	完成时间	□提前　□准时　□延后　□未完成				
5	保养质量	□合格　□不良　□返修　□报废				
6	成果展示	□清晰流畅　□需要补充　□不清晰流畅				
7	操作方法	□正确　□部分正确　□不正确				
8	安全规范	□很好　□好　□较好　□不好				
9	7S 管理	□很好　□好　□较好　□不好				
10	分工协作	□很好　□好　□较好　□不好				
11	沟通交流	□很好　□好　□较好　□不好				
12	问题解决	□及时　□较及时　□不及时				
13	创新精神	□优秀　□良好　□一般　□不足				
14	规划掌控	□很好　□好　□较好　□不好				

学习任务完成自评总结		亮点	
		缺点	

团队评价	团队自评	□优　□良　□中　□差	团队互评	□优　□良　□中　□差

学生个人评价	姓名	项目															
		1	2	3	4	5	6	7	8	9	10	11	12	13	14	15	16

审定意见	学习组长	指导教师	教研组长
	年　月　日	年　月　日	年　月　日

七、拓展学习

（一）学习感想交流

全球动力电池生产如有十分，六分半中国产，三分半在其他。中国动力电池企业用了不到10年，完成了从弱到强的转变。

根据一家韩国市场研究公司SNE Research的数据，2015年，全球动力电池市场中，中国企业市场份额仅为16%；但截至2022年11月，中国企业市场份额已经达到64.5%。

中国动力电池的影响力已经从地区内拓展到全球范围。目前，世界上任何一个大规模制造智能电动汽车的企业，都绕不开中国电池供应商。同时，中国动力电池企业也在海外广泛布局，就近供应当地车企。

据不完全统计，中国动力电池企业已建成、在建以及规划建设的海外工厂累计产能已超过300GWh，超过全球动力电池2021年的总装机量。海外投资中，领先的是宁德时代（114GWh）、亿纬锂能（20GWh）、远景动力（157GWh）、国轩高科（20GWh）、蜂巢能源（24GWh）。同时，中国电池企业也通过出口供应外企，2022年累计出口达68.1GWh。

将你的感想分享给老师和同学吧！

（二）课后作业

（1）进行下一任务充电系统检查学习信息收集与筛选和资源的准备。

（2）进行下一任务充电系统检查学习设备与工具的准备。

任务二　充电系统检查

【案例引入】

车主李先生的吉利 EV450 电动汽车行驶里程到达 20 000 公里时，保养提示灯点亮。到 4S 店后，我们需要根据维护要求对充电系统进行检查。作为维修技师，你能够完成对充电系统的检查作业吗?

【任务目标】

技能目标

1. 正确使用充电系统检查的工具设备
2. 正确对新能源汽车进行高压下电操作
3. 完成充电系统检查作业
4. 完成慢充口拆装作业

素养目标

1. 在工作过程中与小组其他成员合作、交流，形成团队合作意识，锻炼沟通能力
2. 养成 7S 的工作习惯
3. 养成服从管理、规范作业的良好工作习惯
4. 提高与时俱进、不断学习的意识
5. 培养爱国情怀，提升民族自豪感

【任务实施】

一、知识准备

吉利 EV450 的充电系统从功能上分为快充、慢充、低压充电、制动能量回收四项。

（一）快充（直流高压充电）

当直流充电设备接口连接到整车直流充电口，直流充电设备发送充电唤醒信号给电池管理系统（BMS），BMS 根据动力蓄电池的可充电功率，向直流充电设备发送充电电流指令。同时，BMS 吸合系统高压正极继电器和高压负极继电器，动力蓄电池开始充电。充电时间：48 分钟可充电 80%。直流充电流量传递路线如图 2-13 所示。

（二）慢充（交流高压充电）

当车辆处于交流充电模式下，车载充电机检测交流充电接口的充电连接确认

图 2-13 直流充电流量传递路线

（CC）、控制导引（CP）信号并唤醒 BMS，BMS 唤醒车载充电机并发送指令充电，同时闭合主继电器，动力蓄电池开始充电。充电时间：预估 13~14 小时可充满。交流充电流量传递路线如图 2-14 所示。

图 2-14 交流充电流量传递路线

（三）低压充电

高压上电前，低压电路系统依赖 12V 铅酸蓄电池供电，当高压上电后，电机控制器内部的 DC/DC 转换器将动力蓄电池的高压直流电转换成低压直流电（14 V 左右），为 12 V 铅酸蓄电池充电，如图 2-15 所示。

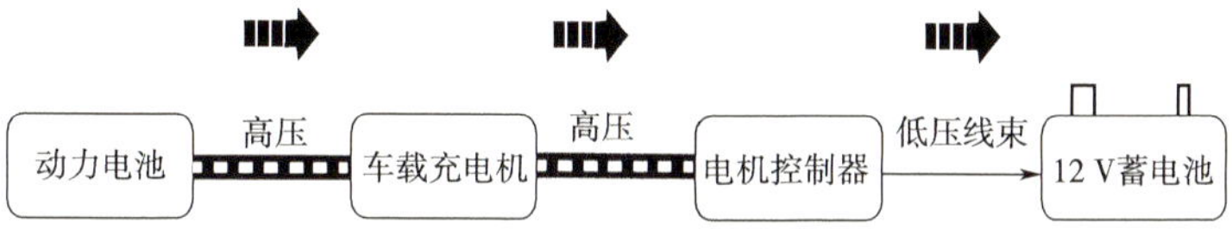

图 2-15 低压充电流量传递路线

（四）制动能量回收

能量回收系统是在车辆滑行或制动过程中，驱动电机从驱动状态转变成发电状态，将车辆的动能转换为电能储存在动力蓄电池中的过程。

车辆在滑行或制动时，VCU 根据当前动力蓄电池状态和制动踏板位置信号，计算能量回收扭矩并发送指令给电机控制器，启动能量回收。制动能量回收流量传递路线与能量消耗相反，如图 2-16 所示。

二、维护作业前准备

（1）在进行维护作业前，判断周围环境是否干燥、有无灭火器材等。

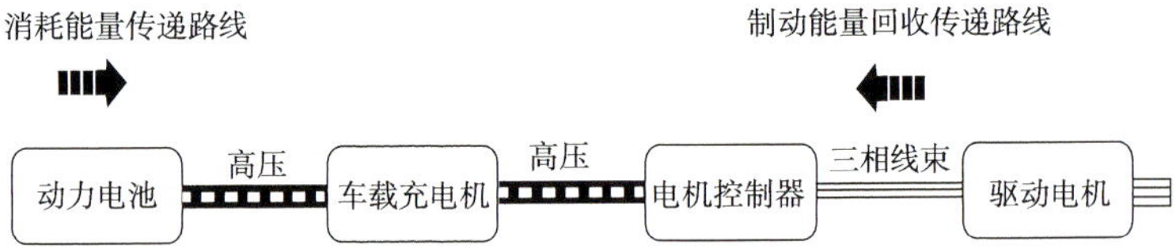

图 2-16　制动能量回收流量传递路线

（2）维护作业前，做好安全防护准备工作（例如绝缘手套、护目镜、绝缘鞋等的检查与穿戴）。

（3）在进行充电系统维护与慢充电口拆装作业操作时，做好车辆高压电下电的检查工作。

（4）使用绝缘电阻测试仪、万用表等，必须提前校正仪器的准确性。

（5）使用拆装工具时，需要提前准备好绝缘工具。

（6）对检测所获得的数据，必须认真记录、准确计算、仔细分析，保证检测的准确性、快捷性。

三、工具准备

动力蓄电池检查工具准备清单见表 2-7。

表 2-7　动力蓄电池检查工具准备清单

类型	名称	规格	图示
防护工具	绝缘手套	绝缘	
	护目镜	绝缘	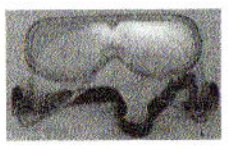
	安全帽	绝缘	
作业工具	诊断仪	X431	
	万用表	优利德	
	绝缘工具	世达	
	兆欧表	FLUKE	

四、实践操作

（一）检查充电接口

检查各充电口处是否有异物、烧蚀等情况。

交流充电口安装在车身左前翼子板处，直流充电口安装在车身左后侧。充电时，根据选择的充电类型，将交流充电插头或者直流充电插头连接到相应的充电插座，正确连接后开始充电。充电口连接后形成检测回路，当出现连接故障时，系统可以检测该故障。

（二）检查充电指示灯

检查车辆能否正常充电及充电时仪表显示是否正常。充电指示灯位于车辆充电接口上方，用于指示不同的充电状态。任意电源挡位下，电池控制模块（BCM）收到BMS的充电状态信息后驱动充电指示灯工作，显示充电状态。充电指示灯状态显示定义如表2-8所示。

表2-8　充电指示灯状态

颜色	状态	说明
白色	常亮2分钟	充电照明
黄色	常亮2分钟	充电加热
绿色	闪烁2分钟	充电过程
蓝色	常亮2分钟	预约充电
绿色	常亮2分钟	充电完成
红色	常亮2分钟	充电故障
蓝色	闪烁2分钟	放电过程

上述显示信号中，“正在充电”状态显示为即时显示；“充电完成”“充电故障”显示为延时关闭，即收到相应的状态信号时显示相应的状态，15分钟后自动熄灭，其间若充电状态变化（如由“充电故障”变为“正在充电”状态）则立即切换为相应的状态。

（三）检查充电口照明灯

充电照明灯的颜色为白色，直接由BCM控制。

充电口照明灯控制逻辑如图2-17所示：

（1）当高压电池处于未充电的状态时，充电口盖打开，BCM立即驱动充电口照明灯工作3分钟，工作期间检测到充电枪插入3秒后停止驱动充电口照明灯，检测到充

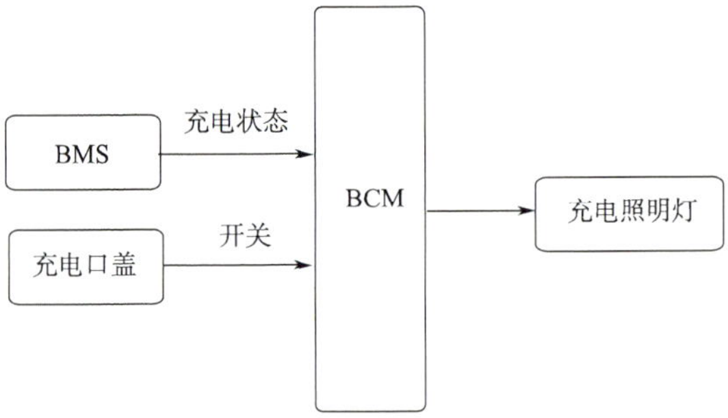

图 2-17　充电口照明灯控制逻辑

电口盖关闭则立即停止驱动充电口照明灯。

（2）当充电口盖处于打开状态，车门状态由关闭变为打开状态，BCM 立即驱动充电口照明灯工作 3 分钟，工作期间当高压电池转变为充电状态 3 秒后停止驱动充电口照明灯，检测到充电口盖关闭则立即停止驱动充电口照明灯。

（3）OFF 挡时，当充电口盖处于打开状态，BCM 接收到无钥匙进入及启动系统（PEPS）发送的解锁信息，则立即驱动充电口照明灯工作 3 分钟，工作期间如收到车辆上锁信息或充电口盖变为关闭状态则立即驱动充电口照明灯熄灭。

（4）OFF 挡时，当充电口盖处于打开状态，BCM 接收到 PEPS 发送的遥控寻车信息，则立即驱动充电口照明灯工作 3 分钟。工作期间如收到车辆上锁信息，延迟 3 秒后熄灭充电口照明灯；充电口盖变为关闭状态则立即驱动充电口照明灯熄灭。

（5）任意情况下，充电口盖关闭或车速大于 2km/h 则立即停止驱动充电口照明灯。

五、填写工单

充电系统检查任务工单见表 2-9。

表 2-9　充电系统检查任务工单

<table>
<tr><td colspan="2" rowspan="2">充电系统检查</td><td colspan="2" rowspan="2">工作任务单</td><td>班级：</td></tr>
<tr><td>姓名：</td></tr>
<tr><td colspan="5">1. 学习任务
车主李先生的吉利 EV450 电动汽车行驶里程到达 20 000 公里时，保养提示灯点亮。到 4S 店后，我们需要根据维护要求对充电系统进行检查。作为维修技师，你能够完成对充电系统的检查作业吗？</td></tr>
<tr><td>任务</td><td colspan="3">自测标准</td><td>学习建议</td></tr>
<tr><td rowspan="4">资料准备</td><td>防护装备</td><td colspan="2">车内外三件套</td><td rowspan="4">工欲善其事，必先利其器。完成好学习任务的第一步是熟悉并掌握新能源汽车维护相关的工具设备，做好准备工作</td></tr>
<tr><td>实训车辆</td><td colspan="2">实训车辆等</td></tr>
<tr><td>工具设备</td><td colspan="2">防护工具、绝缘工具等</td></tr>
<tr><td>辅助资料</td><td colspan="2">汽车维修手册、教材</td></tr>
</table>

续表

<table>
<tr><th>任务</th><th colspan="2">自测标准</th><th>学习建议</th></tr>
<tr><td rowspan="3">实施步骤</td><td>检查充电接口</td><td>检查各充电口处是否有异物、烧蚀等情况</td><td rowspan="3">检查车辆能否正常充电及充电时仪表显示是否正常。充电指示灯位于车辆充电接口上方，用于指示不同的充电状态。任意电源挡位下，BCM 收到 BMS 的充电状态信息后驱动充电指示灯工作，显示充电状态</td></tr>
<tr><td>检查充电指示灯</td><td>检查车辆能否正常充电及充电时仪表显示是否正常</td></tr>
<tr><td>检查充电口照明灯</td><td>检查充电口盖打开、车门状态由关闭变为打开状态、OFF 挡、充电口盖关闭或车速大于 2km/h 时指示灯的状态</td></tr>
<tr><td colspan="4">2. 学习笔记</td></tr>
<tr><td colspan="4">（1）吉利 EV450 充电系统的类型。</td></tr>
<tr><td colspan="4">（2）吉利 EV450 充电系统检查的内容。</td></tr>
<tr><td colspan="4">（3）吉利 EV450 充电系统检查的注意事项。</td></tr>
</table>

六、任务评价

学生对各自完成的任务和小组代表展示的情况进行自评（见表 2-10）、互评（见表 2-11），教师按考核及评价表（见表 2-12）对学生训练过程、训练结果（含任务工单）进行评估。

（一）自我评价

（1）训练任务的关键技能及基本技能有没有掌握？

评价情况：________________

（2）训练任务的目标有没有实现？效果如何？

评价情况：________________

（3）100 分的任务，您给自己打多少分？________________

表 2-10　充电系统检查质量评价表

项目	检查点	评价标准	配分	检测记录	得分
作业前准备	场地安全、安全防护准备	遗漏不得分	10		
	断蓄电池负极，静置 5 分钟	操作不准确不得分	10		
保养作业	检查各充电口处是否有异物、烧蚀等情况	操作不准确不得分	10		
	检查车辆能否正常充电及充电时仪表显示是否正常	操作不准确不得分	10		
	检查充电口盖打开时，指示灯的状态	操作不准确不得分	10		
	检查车门状态由关闭变为打开状态时，指示灯的状态	操作不准确不得分	10		
	检查 OFF 挡时，指示灯的状态	操作不准确不得分	20		
	检查充电口盖关闭或车速大于 2 km/h 时指示灯的状态	操作不准确不得分	10		
安全操作		违反安全规章 1 项扣 2 分（扣完为止），严重违章不得分	10		

（二）小组评价

（1）训练任务的关键技能及基本技能有没有掌握？

评价情况：________________

（2）训练任务的目标有没有实现？效果如何？

评价情况：________________

参评人员：________________

（3）100 分的任务，您给他（她）打多少分？________________

表 2-11　充电系统检查学习效能评价表

序号	项目	内容	程度	不能的原因
1	知识学习	充电系统的类型	□ 能　□ 不能	
2		慢充系统结构组成	□ 能　□ 不能	
3		充电系统检查内容	□ 能　□ 不能	
4		充电系统的拆装流程	□ 能　□ 不能	
5		充电系统检查的安全规范	□ 能　□ 不能	

续表

序号	项目	内容	程度	不能的原因
6	技能学习	充电系统检查的工具设备的选择	□ 能　□ 不能	
7		充电系统的检查操作	□ 能　□ 不能	
8		充电系统的拆装操作	□ 能　□ 不能	
经验积累与问题解决				
经验积累			问题解决	
签审	1. 学生评价委员会意见： 年　月　日			评价等级认定
	2. 指导教师意见： 年　月　日			

（三）教师评价

教师按考核及评价表对学生训练过程、训练结果（含任务工单）进行评估。

评价情况：________________________________

教师签名：__________　　日期：______年______月______日

表 2-12　考核及评价表

姓名：__________　身份证号：__________　学号：__________

专业：__________　班级：__________　日期：__________

序号	检查项目	自我评价	小组评价	教师评价	备注
1	遵守安全操作规范（10 分）				
2	态度端正，工作认真，按步骤操作（10 分）				
3	充电系统检查的内容（10 分）				
4	充电口拆卸作业（10 分）				
5	充电口安装作业（20 分）				
6	遵守纪律（10 分）				
7	做好 7S 管理工作（10 分）				
8	完成本工作任务单的全部内容（20 分）				
合计					
总分					

（四）综合评价

充电系统检查任务综合能力评价表见表 2-13。

表 2-13　充电系统检查任务综合能力评价表

学习任务名称			学习时间			
班级			学习团队			
评价指标		评价情况	否定结果原因	自评	互评	师评
1	学习态度	□优秀　□良好　□一般　□差				
2	知识学习	□优　□良　□中　□差				
3	技能学习	□优　□良　□中　□差				
4	完成时间	□提前　□准时　□延后　□未完成				
5	保养质量	□合格　□不良　□返修　□报废				
6	成果展示	□清晰流畅　□需要补充　□不清晰流畅				
7	操作方法	□正确　□部分正确　□不正确				
8	安全规范	□很好　□好　□较好　□不好				
9	7S 管理	□很好　□好　□较好　□不好				
10	分工协作	□很好　□好　□较好　□不好				
11	沟通交流	□很好　□好　□较好　□不好				
12	问题解决	□及时　□较及时　□不及时				
13	创新精神	□优秀　□良好　□一般　□不足				
14	规划掌控	□很好　□好　□较好　□不好				

学习任务完成自评总结		亮点	
		缺点	

团队评价	团队自评	□优　□良　□中　□差	团队互评	□优　□良　□中　□差

学生个人评价	姓名	项目															
		1	2	3	4	5	6	7	8	9	10	11	12	13	14	15	16

审定意见	学习组长	指导教师	教研组长
	年　月　日	年　月　日	年　月　日

七、拓展学习

（一）学习感想交流

新能源汽车未来全面取代燃油车已经是大势所趋，至于到底需要多长时间，则取决于新能源汽车的技术发展。目前解决续航里程焦虑问题的方向主要有两个：提升电池容量和提升充电速度。短期内，相比于增加电池容量，提升充电速度及布局更多充电站显然更加易于实现。类比燃油车，它方便并不是因为油箱做得大，而是遍地都是加油站，加满油仅需几分钟时间。

吉利旗下的威睿能源600千瓦超充技术已问世，搭载该技术的电动车拥有充电5分钟、续航300公里的能力。

将你的感想分享给老师和同学吧！

（二）课后作业

（1）进行下一任务驱动系统的检查学习信息收集与筛选和资源的准备。

（2）进行下一任务驱动系统的检查学习设备与工具的准备。

项目三　驱动系统维护

新能源汽车的动力主要来源于驱动电机的运转，驱动电机的可靠性直接影响到新能源汽车的性能。

任务一　驱动系统检查

【案例引入】

小李在吉利新能源汽车 4S 店实习，今天师傅告诉他需要对吉利 EV450 驱动系统进行检查。你知道检查主要包括哪些内容吗？检查过程中的注意事项又有哪些？

【任务目标】

技能目标

1. 正确找出驱动系统各部件位置及相关高压线束
2. 对驱动电机、电机控制器进行正确维护。
3. 对减速驱动桥正确进行换油作业。
4. 正确检查驱动电机紧固螺栓。

素养目标

1. 在工作过程中与小组其他成员合作、交流，形成团队合作意识，锻炼沟通能力
2. 养成 7S 的工作习惯
3. 养成服从管理、规范作业的良好工作习惯
4. 提高与时俱进、不断学习的意识
5. 培养爱国情怀，提升民族自豪感

【任务实施】

一、知识准备

（一）新能源汽车对驱动系统的要求

电力驱动系统是电动汽车的核心，电动汽车对驱动系统的要求很高。一般认为，驱动系统应符合下列要求：

（1）瞬时功率大，短时过载能力强，以满足爬坡及加速的需要。

（2）调速范围宽广。

（3）在运行的全部速度范围和负载范围内，有较高的效率。也就是说，在电机所有工作范围内综合效率较高，以尽量提高电动汽车单次续航里程。

（4）可靠性高，使用方便简单，价格低廉。

（5）功率密度高，体积小，质量轻。

（二）新能源汽车对驱动电机的要求

目前对于电动汽车性能的评定，主要考虑以下三个性能指标：

（1）最大行驶里程（km）：电动汽车在电池充满电后的最大行驶里程。

（2）加速能力（s）：电动汽车从静止状态加速到一定的时速（比如百公里）所需要的最短时间。

（3）最高时速（km/h）：电动汽车所能达到的最高速度。

（三）新能源汽车驱动电机分类

电动汽车经常采用的驱动电机有直流电机、永磁同步电机、异步电机和开关磁阻电机四类，如表 3-1 所示。

表 3-1　新能源汽车驱动电机分类

电机类型	优点	缺点	现状	采用车型
直流电机	成本低、易控制、调速性能良好	结构复杂、转速低、体积大、维护频繁	基本上处于淘汰阶段，应用车型都是早期上市车型	早期部分车型
永磁同步电机	效率高、结构简单、体积小、质量轻	成本较高、高温下磁性衰退	被广泛使用，成为主流电机，目前被各大新能源汽车品牌车型选用	比亚迪秦、比亚迪宋 DM、宋 EV300、北汽 EV 系列、腾势 400、众泰 E200、荣威 ERX5 等
异步电机	结构简单、可靠性好、成本易控	效率低、调速性差	只有少量车型选用，但不乏主流车型，目前来看该类电机不会成为趋势	特斯拉 Model S、Model X、江铃 E200、江铃 E100、江铃 E160、众泰云 100S、芝麻 E30 等
开关磁阻电机	结构简单、体积小且轻便、效率高、成本低	噪声振动大、输出扭矩脉动	暂未被广泛应用，但未来有可能以其优良特性而成为主流电机	—

二、维护作业前准备

（1）在进行维护作业前，判断周围环境是否干燥、有无灭火器材等。

（2）维护作业前，做好安全防护准备工作（例如绝缘手套、护目镜、绝缘鞋等的检查与穿戴）。

（3）在进行驱动系统的检查作业操作时，做好车辆安全检查工作。

（4）使用绝缘电阻测试仪、万用表等，必须提前校正仪器的准确性。

（5）使用拆装工具时，需要提前准备好绝缘工具。

（6）对检测所获得的数据，必须认真记录、准确计算、仔细分析，保证检测的准确性、快捷性。

三、工具准备

驱动系统的检查工具准备清单见表 3-2。

表 3-2　驱动系统的检查工具准备清单

类型	名称	规格	图示
防护工具	绝缘手套	绝缘	
	护目镜	绝缘	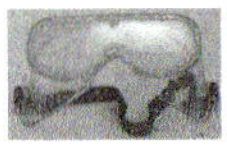
	安全帽	绝缘	
作业工具	诊断仪	X431	
	万用表	优利德	
	绝缘工具	世达	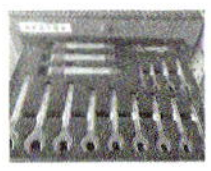
	兆欧表	FLUKE	

四、实践操作

（一）日常维护

驱动电机的日常保养包括清洁、紧固、检查、补充。

（1）清洁：把电机表面、电机线缆等处的污垢清理干净。

（2）紧固：紧固电机的固定螺栓，紧固电机的附件线束等。

（3）检查：检查电机表面是否有破裂、破损及锈蚀，检查线束是否有断路和短路等故障。

（4）补充：电机的冷却需要冷却液，应定期补充添加冷却液。

（二）定期维护

驱动电机的定期维护包括安全防护、绝缘检查、电机与电机控制器冷却检查和外部检查。

1. 安全防护

目的：检查外观有无磕碰、损坏。

方法：将车辆举升，目测驱动电机底部有无磕碰、划伤、损坏的现象，如图 3-1 所示。目测线束插头有无破损、老化的现象，如图 3-2 所示。

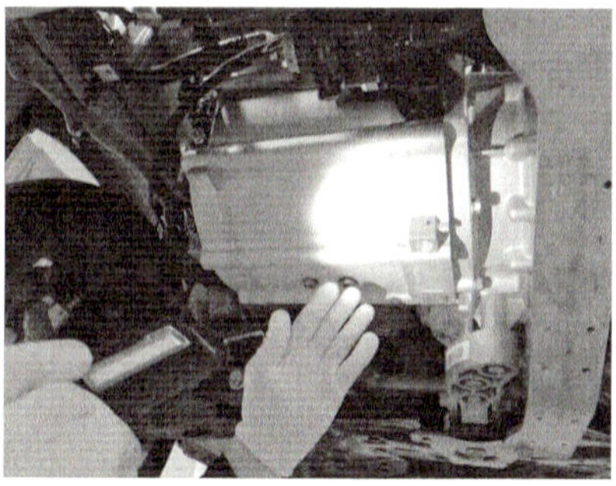

图 3-1　目测驱动电机底部

图 3-2　目测线束插头

2. 绝缘检查

目的：防止驱动电机短路。

方法：将驱动电机 U/V/W 拆开，用绝缘测试仪检测三项电绕组对地绝缘电阻，阻值应大于或等于 20 MΩ。

3. 电机与电机控制器冷却检查

目的：检查电机与电机控制器冷却液循环制冷效果。

方法：捏紧冷却液管使其水道内部阻力增大，使冷却液泵转速变小、声音发生变化，如无声音变化则水道内冷却液没有循环，需放气。工具为卡环钳、螺丝刀。

4. 外部检查

目的：清洁电机及电机控制器表面。

方法：压缩空气吹驱动电机及电机控制器，禁止使用潮湿的布和高压水枪进行清洁。工具为空气压缩机。

（三）电机控制器的维护

注意：在进行以下作业前要先对车辆高压下电。

（1）检查各冷却水管是否老化、堵塞。

（2）检查高压插接件是否插接牢靠。

（3）对电机控制器进行表面清洁。

（四）减速器的维护

（1）检查减速器是否漏油，非换油作业而举升车辆时，也应检查减速器是否漏油。

（2）减速器油位检查：

①举升车辆。

②检查减速器油位。

③将车辆水平放置，并让减速器内部的油冷却，拆卸加注孔塞并检查油位。加注孔塞位置，如图 3-3 所示。

图 3-3　吉利 EV450 减速器加注孔塞位置

④减速器油面应该与加注孔下缘齐平。

注意：如果液面过低，通过加注孔塞添加专用的减速器油，直到油液开始流出。

⑤重新安装并紧固加注孔螺塞。力矩：19～30 N·m（公制）。

（3）减速器油的加注和更换：

注意：加注减速器润滑油时，车辆应停放在水平路面上。

①举升车辆。

②拆卸机舱底部护板总成。

③拆卸减速器加油螺塞（图 3-4 中①所示）。

①速器加油螺塞　②减速器放油螺塞

图 3-4　吉利 EV450 减速器加油/放油螺塞位置

④拆卸减速器放油螺塞（图 3-4 中②所示），用回收容器接收放出的减速器油。

⑤安装减速器放油螺塞（图 3-4 中②所示），力矩：19~30 N·m。

⑥加注孔塞添加专用的减速器油，直到油液开始流出，参考用量：1.7±0.1 L。

⑦重新安装并紧固加注孔螺塞（图 3-4 中①所示），力矩：19~30 N·m。

（4）安装机舱底部护板总成。

（5）放下车辆。

五、填写工单

驱动系统检查任务工单见表 3-3。

表 3-3　驱动系统检查任务工单

<table>
<tr><td colspan="2" rowspan="2">驱动系统的检查</td><td rowspan="2">工作任务单</td><td>班级：</td></tr>
<tr><td>姓名：</td></tr>
<tr><td colspan="4">1. 学习任务
小李在吉利新能源汽车 4S 店实习，今天师傅告诉他需要对吉利 EV450 驱动系统进行检查。你知道检查主要包括哪些内容吗？检查过程中的注意事项又有哪些？</td></tr>
<tr><td>任务</td><td colspan="2">自测标准</td><td>学习建议</td></tr>
<tr><td rowspan="4">资料准备</td><td>防护装备</td><td>车内外三件套</td><td rowspan="4">工欲善其事，必先利其器。完成好学习任务的第一步是熟悉并掌握新能源汽车维护相关的工具设备，做好准备工作</td></tr>
<tr><td>实训车辆</td><td>实训车辆等</td></tr>
<tr><td>工具设备</td><td>防护工具、绝缘工具等</td></tr>
<tr><td>辅助资料</td><td>汽车维修手册、教材</td></tr>
</table>

续表

<table>
<tr><th>任务</th><th colspan="2">自测标准</th><th>学习建议</th></tr>
<tr><td rowspan="4">实施步骤</td><td>外观检查</td><td>检查外观有无磕碰、损坏</td><td rowspan="4">注意：在进行以下作业前要先对车辆高压下电。
（1）检查各冷却水管是否老化、堵塞。
（2）检查高压插接件是否插接牢靠。
（3）对电机控制器进行表面清洁。</td></tr>
<tr><td>绝缘检查</td><td>将驱动电机 U/V/W 拆开，用绝缘测试仪检测三项电绕组对地绝缘电阻</td></tr>
<tr><td>电机与电机控制器冷却检查</td><td>捏紧冷却液管使其水道内部阻力增大，使冷却液泵转速变小、声音发生变化</td></tr>
<tr><td>外部检查</td><td>压缩空气吹驱动电机及电机控制器，禁止使用潮湿的布和高压水枪进行清洁</td></tr>
<tr><td colspan="4">2. 学习笔记</td></tr>
<tr><td colspan="4">（1）新能源汽车对驱动系统的要求。</td></tr>
<tr><td colspan="4">（2）新能源汽车对驱动电机的要求。</td></tr>
<tr><td colspan="4">（3）新能源汽车驱动电机分类。</td></tr>
</table>

六、任务评价

学生对各自完成的任务和小组代表展示的情况进行自评（见表 3-4）、互评（见表 3-5），教师按考核及评价表（见表 3-6）对学生训练过程、训练结果（含任务工单）进行评估。

（一）自我评价

（1）训练任务的关键技能及基本技能有没有掌握？

评价情况：________________________________

（2）训练任务的目标有没有实现？效果如何？

评价情况：________________________________

（3）100 分的任务，您给自己打多少分？________________

表 3-4　驱动系统的检查质量评价表

项目	检查点	评价标准	配分	检测记录	得分
作业前准备	场地安全、安全防护准备	遗漏不得分	10		
	断蓄电池负极，静置 5 分钟	操作不准确不得分	10		
保养作业	外观检查	操作不准确不得分	10		
	绝缘检查	操作不准确不得分	10		
	电机与电机控制器冷却检查	操作不准确不得分	10		
	外部检查	操作不准确不得分	10		
	电机控制器的维护作业	操作不准确不得分	20		
	减速器的维护作业	操作不准确不得分	10		
安全操作		违反安全规章 1 项扣 2 分（扣完为止），严重违章不得分	10		

（二）小组评价

（1）训练任务的关键技能及基本技能有没有掌握？

评价情况：________________

（2）训练任务的目标有没有实现？效果如何？

评价情况：________________

参评人员：________________

（3）100 分的任务，您给他（她）打多少分？____________

表 3-5　驱动系统的检查学习效能评价表

序号	项目	内容	程度	不能的原因
1	知识学习	驱动电机的安装位置	□ 能　□ 不能	
2		驱动电机的分类	□ 能　□ 不能	
3		驱动电机的检查内容	□ 能　□ 不能	
4		减速器的拆装流程	□ 能　□ 不能	
5		驱动电机检查的安全规范	□ 能　□ 不能	
6	技能学习	驱动电机检查的工具设备的选择	□ 能　□ 不能	
7		驱动电机的检查操作	□ 能　□ 不能	
8		减速器的拆装操作	□ 能　□ 不能	

续表

<table>
<tr><th>序号</th><th>项目</th><th>内容</th><th>程度</th><th>不能的原因</th></tr>
<tr><td colspan="5">经验积累与问题解决</td></tr>
<tr><td colspan="3">经验积累</td><td colspan="2">问题解决</td></tr>
<tr><td colspan="3"></td><td colspan="2"></td></tr>
<tr><td colspan="3"></td><td colspan="2"></td></tr>
<tr><td rowspan="2">签审</td><td colspan="3">1. 学生评价委员会意见：
年　月　日</td><td>评价等级认定</td></tr>
<tr><td colspan="3">2. 指导教师意见：
年　月　日</td><td></td></tr>
</table>

（三）教师评价

教师按考核及评价表对学生训练过程、训练结果（含任务工单）进行评估。

评价情况：______________________________

教师签名：__________　　日期：______年______月______日

表 3-6　考核及评价表

姓名：__________　身份证号：__________　学号：__________

专业：__________　班级：__________　日期：__________

序号	检查项目	自我评价	小组评价	教师评价	备注
1	遵守安全操作规范（10 分）				
2	态度端正，工作认真，按步骤操作（10 分）				
3	驱动电机外观检查和绝缘检查作业（10 分）				
4	电机与电机控制器冷却检查作业（10 分）				
5	驱动电机外部检查作业（20 分）				
6	遵守纪律（10 分）				
7	做好 7S 管理工作（10 分）				
8	完成本工作任务单的全部内容（20 分）				
合计					
总分					

（四）综合评价

驱动系统的检查任务综合能力评价表见表 3-7。

表 3-7 驱动系统的检查任务综合能力评价表

学习任务名称			学习时间			
班级			学习团队			
评价指标		评价情况	否定结果原因	自评	互评	师评
1	学习态度	□优秀 □良好 □一般 □差				
2	知识学习	□优 □良 □中 □差				
3	技能学习	□优 □良 □中 □差				
4	完成时间	□提前 □准时 □延后 □未完成				
5	保养质量	□合格 □不良 □返修 □报废				
6	成果展示	□清晰流畅 □需要补充 □不清晰流畅				
7	操作方法	□正确 □部分正确 □不正确				
8	安全规范	□很好 □好 □较好 □不好				
9	7S 管理	□很好 □好 □较好 □不好				
10	分工协作	□很好 □好 □较好 □不好				
11	沟通交流	□很好 □好 □较好 □不好				
12	问题解决	□及时 □较及时 □不及时				
13	创新精神	□优秀 □良好 □一般 □不足				
14	规划掌控	□很好 □好 □较好 □不好				

学习任务完成自评总结		亮点	
		缺点	

团队评价	团队自评	□优 □良 □中 □差	团队互评	□优 □良 □中 □差

学生个人评价	姓名	项目															
		1	2	3	4	5	6	7	8	9	10	11	12	13	14	15	16

审定意见	学习组长	指导教师	教研组长
	年 月 日	年 月 日	年 月 日

七、拓展学习

（一）学习感想交流

比亚迪作为国内首家全面转型生产新能源汽车的车企，凭借 DM-i 混动系统及刀片电池等技术已成为我国最大的新能源汽车厂商。与此同时，它还掌握着电池、电机和电控三电核心技术，驱动电机全部为自主配套。2021 年比亚迪旗下新能源汽车销售火爆，也成为全国最大的驱动电机配套厂商。

第三方专业企业紧随其后，方正电机、宁波双林驱动电机配套量仅次于比亚迪与特斯拉，排名第三、第四。它们依托原来在电机领域的技术积累，迅速开发出车用电机系统，成为新能源汽车领域重要的供应商。日本电产、联合汽车电子等企业在市场上也占据着重要地位。

将你的感想分享给老师和同学吧！

（二）课后作业

（1）进行下一任务驱动电机的拆卸与安装学习信息收集与筛选和资源的准备。

（2）进行下一任务驱动电机的拆卸与安装学习设备与工具的准备。

任务二　驱动电机拆卸与安装

【案例引入】

小李在吉利新能源汽车 4S 店实习，今天师傅告诉他需要对吉利 EV450 驱动系统进行检查。检查发现驱动电机出现漏油故障，需要对驱动电机进行拆卸维修。作为维修技师，你能完成驱动电机的拆卸与安装任务吗？

【任务目标】

技能目标

1. 正确使用绝缘工具设备
2. 对新能源汽车正确进行高压下电操作
3. 完成驱动电机检查作业
4. 完成驱动电机拆装作业

素养目标

1. 在工作过程中与小组其他成员合作、交流，形成团队合作意识，锻炼沟通能力
2. 养成 7S 的工作习惯
3. 养成服从管理、规范作业的良好工作习惯
4. 提高与时俱进、不断学习的意识
5. 培养爱国情怀，提升民族自豪感

【任务实施】

一、知识准备

吉利 EV450 驱动系统主要由驱动电机、电机控制器、减速器等部件组成，搭载的永磁同步电机最大功率为 120 kW，最大扭矩为 250 N · m，电池容量为 52 kWh，工信部测得的纯电续航里程为 450 km。

减速器介于驱动电机和驱动半轴之间，驱动电机的动力输出轴通过花键直接与减速器输入轴齿轮连接。一方面减速器将驱动电机的动力传给驱动半轴，起到降低转速、增大扭矩的作用，另一方面使汽车在转弯及于不平路面上行驶时，左右驱动轮能以不同的转速旋转，保证车辆的平稳运行。动力传递路线，如图 3-5 所示。

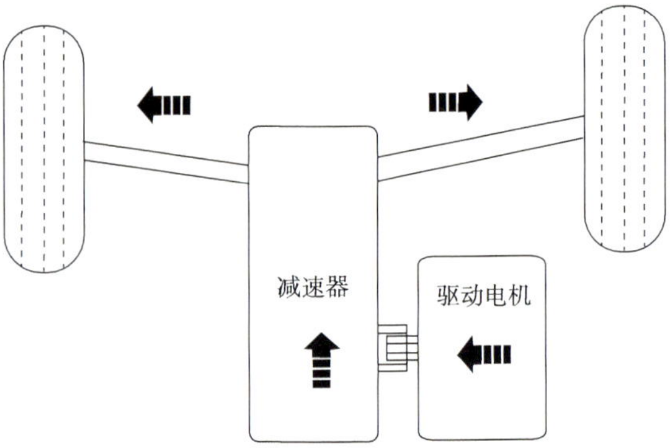

图 3-5　驱动电机动力传递路线

（一）驱动电机总成

吉利 EV450 采用永磁同步电机，是动力系统的重要执行机构，是电能与机械能转化的部件，且自身的运行状态等信息可以被采集到驱动电机控制器。其基本参数见表 3-8。

表 3-8　吉利 EV450 驱动电机基本参数

类型		永磁同步
电机旋转方向		从轴伸端看电机逆时针旋转
温度传感器类型		NTC
温度传感器型号		SEMITEC 13-C310
性能参数	额定/峰值功率（kW）	42/120
	额定/峰值转矩（N·m）	105/250
	额定/峰值转速（r/min）	4 200/12 000
冷却液类型		乙二醇型防冻液，冰点≤-40℃
冷却液流量要求（L/min）		8

驱动电机由前端盖、后端盖、定子壳体总成、转子总成、轴承和低压插接件组成，其内部结构如图 3-6 所示。三相交流电被接入定子线圈中，即产生旋转的磁场，这个旋转的磁场牵引转子内部的永磁体，产生和旋转磁场同步的旋转扭矩。

使用旋转变压器检测转子的位置，使用电流传感器检测线圈的电流，从而控制驱

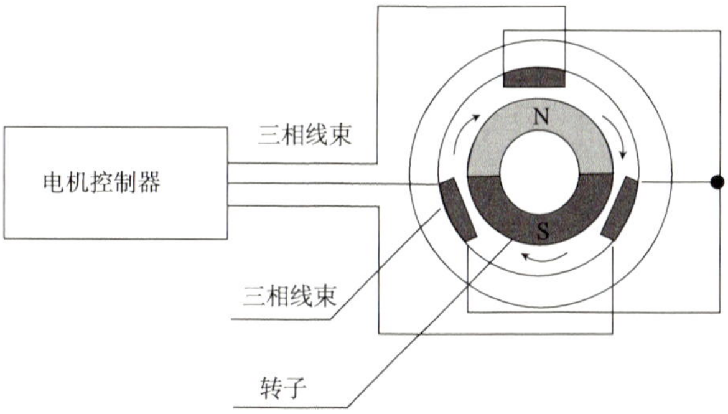

图 3-6 吉利 EV450 驱动电机内部简图

动电机的扭矩输出。旋变信号的作用是反映驱动电机转子当前的旋转相位，电机控制器通过旋变信号计算当前的驱动电机转速。吉利 EV450 旋转变压器采用磁阻式旋转变压器。驱动电机如图 3-7 所示，旋变转子与驱动电机转子同轴连接，随电机转轴旋转。

图 3-7 驱动电机

（二）电机控制器总成

1. 结构

电机控制器内部包含 1 个 DC/AC 逆变器和 1 个 DC/DC 直流转换器，逆变器由 IGBT、直流母线电容、驱动和控制电路板等组成，实现直流（可变的电压、电流）与交流（可变的电压、电流、频率）之间的转变。直流转换器由高低压功率器件、变压器、电感、驱动和控制电路板等组成，实现直流高压向直流低压的能量传递。电机控制器中还包含冷却器，通过冷却液给电子功率器件散热，如图 3-8 所示。

2. 原理

电机控制器安装在前舱内，采用控制器局域网络（CAN）通信控制，控制着动力

图 3-8　电机控制器

蓄电池组到电机之间能量的传输，同时采集电机位置信号和三相电流检测信号，精确地控制驱动电机运行。

电机控制器是一个既能将动力蓄电池中的直流电转换为交流电以驱动电机，又能将车轮旋转的动能转换为电能（交流电转换为直流电）给动力蓄电池充电的设备。在车辆制动或滑行阶段，电机作为发电机应用。它可以完成由车轮旋转的动能到电能的转换，给电池充电。详见图 3-9 所示。

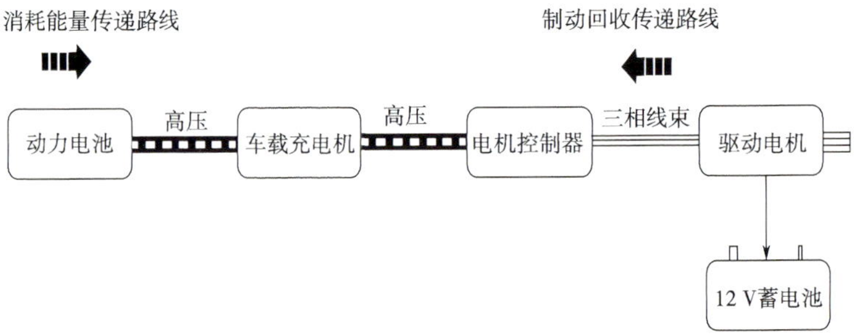

图 3-9　吉利 EV450 能量消耗/回收传递路线

DC/DC 集成在电机控制器内部，其功能是将电池的高压电转换成低压电，给整车低压系统供电。

3. 减速器总成

吉利 EV450 采用单速比减速器，只有一个前进挡、一个倒车挡、一个空挡和 一个驻车挡。当车辆处在驻车挡时减速器会通过一套锁止装置锁止减速器。减速器介于驱动电机和驱动半轴之间，驱动电机的动力输出轴通过花键直接与减速器输入轴齿轮连接。其基本参数见表 3-9，其结构见图 3-10。

表 3-9　吉利 EV450 减速器基本参数

减速器油牌号		Dexron Ⅳ
减速器油量（L）		1.7±0.1
润滑方式		飞溅润滑
性能参数	效率	>95%
	扭矩容量（N·m）	300
	转速范围（r/min）	≤14 000
减速器速比		8.28∶1

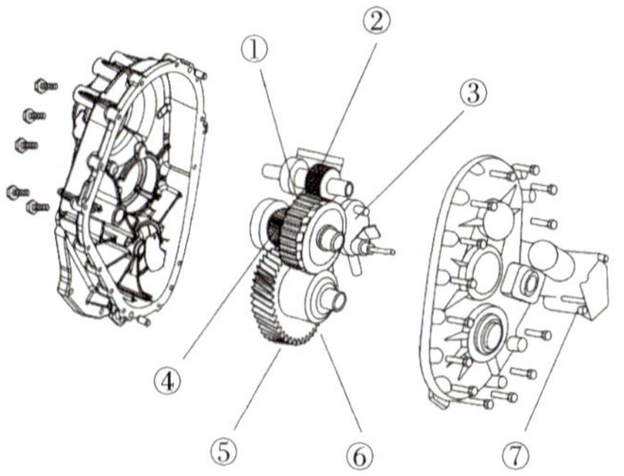

①中间轴输入齿轮　②输入轴齿轮　③驻车棘爪
④中间轴输出齿轮　⑤输出轴齿轮　⑥差速器　⑦驻车电机

图 3-10　吉利 EV450 减速器内部结构图

二、维护作业前准备

（1）在进行维护作业前，判断周围环境是否干燥、有无灭火器材等。

（2）维护作业前，做好安全防护准备工作（例如绝缘手套、护目镜、绝缘鞋等的检查与穿戴）。

（3）在进行驱动电机的拆卸与安装作业操作时，做好车辆安全检查工作。

（4）使用绝缘电阻测试仪、万用表等，必须提前校正仪器的准确性。

（5）使用拆装工具时，需要提前准备好绝缘工具。

（6）对检测所获得的数据，必须认真记录、准确计算、仔细分析，保证检测的准确性、快捷性。

三、工具准备

驱动电机的拆卸与安装工具准备清单见表 3-10。

表 3-10　驱动电机的拆卸与安装工具准备清单

类型	名称	规格	图示
防护工具	绝缘手套	绝缘	
	护目镜	绝缘	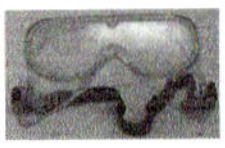
	安全帽	绝缘	
作业工具	诊断仪	X431	
	万用表	优利德	
	绝缘工具	世达	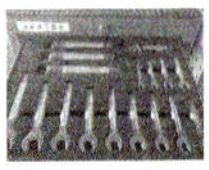
	兆欧表	FLUKE	

四、实践操作

（一）驱动电机拆装前的工作

驱动电机拆装前的工作包括：打开前机舱盖，断开蓄电池负极电缆，断开车载充电器处直流母线，操作空调制冷剂的回收程序，拆卸左、右前轮轮胎，拆卸舱底部护板总成，拆卸车载充电器，拆卸电机控制器，拆卸制冷空调管，拆卸驱动轴，拆卸压缩机，拆卸电动真空泵，拆卸冷却水泵等。

（二）驱动电机拆卸

（1）断开 TCU 控制器插头①、断开减速器电机插头②、拆卸线束卡扣③，如图 3-11 所示。

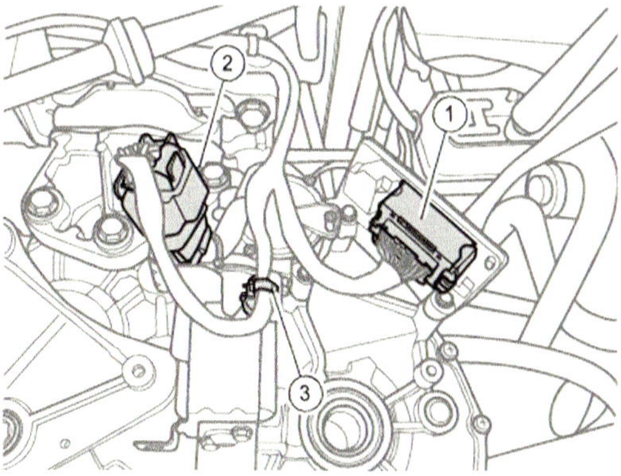

图 3-11　相关插接器的拆卸

（2）断开驱动电机线束插头①、拆卸线束卡扣②，如图 3-12 所示。

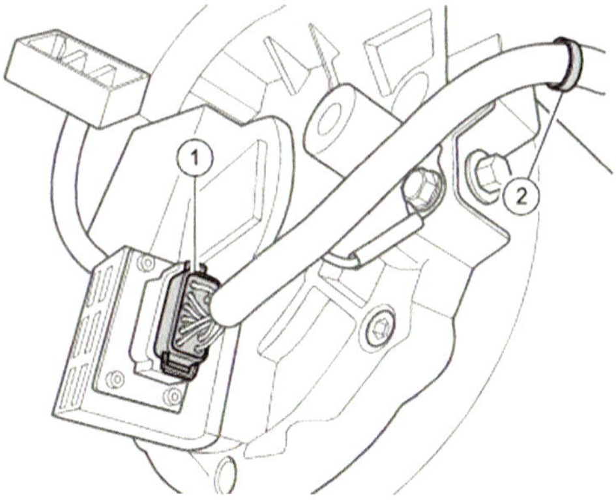

图 3-12　电机插接器的拆卸

（3）拆卸线束搭铁线，如图 3-13 所示。

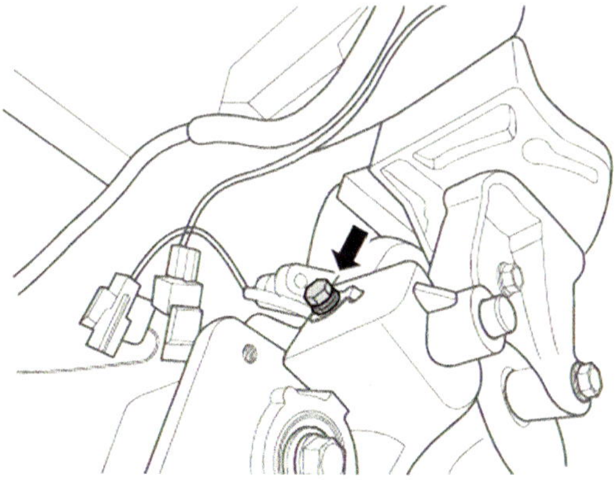

图 3-13　搭铁线束的拆卸

（4）拆卸电机进、出水管环箍，脱开电机冷却水管，如图 3-14 所示。水管脱开前，要在车辆底部放置容器，接住防冻液，以免污染地面。拆卸或安装水管环箍时都应使用专用的环箍钳。

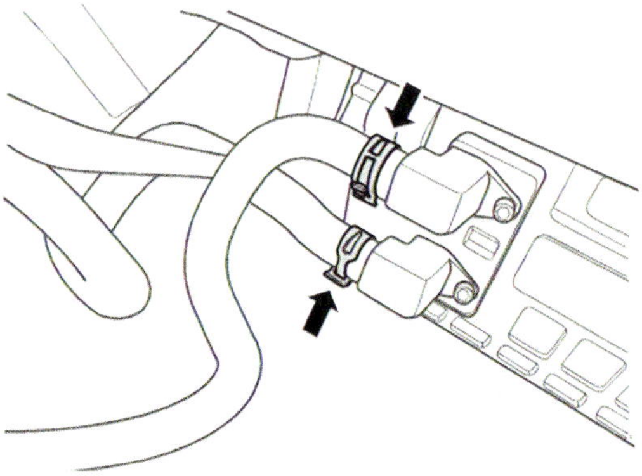

图 3-14　电机进、出水管的拆卸

（5）拆卸后悬置，放置举升平台车，如图 3-15 所示。

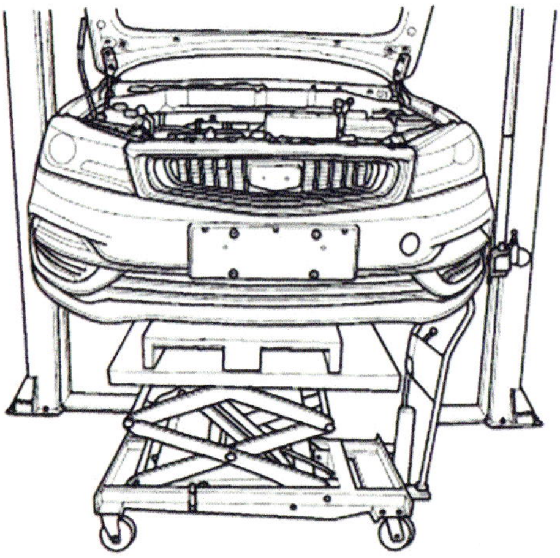

图 3-15　后悬置的拆卸

（6）拆卸动力总成 2 个固定螺母，缓慢下降举升平台车，如图 3-16 所示。

（7）拆卸驱动电机及减速器总成之间的连接螺栓，将驱动电机和减速器分离，如图 3-17 所示。

（三）驱动电机安装

驱动电机安装步骤与驱动电机拆卸步骤完全相反。需要注意的是，安装时环箍装配位置应该与管路标示线对齐；插接器的安装时应注意“一插、二响、三确认”。最后需要安装后悬置，安装压缩机，安装冷却水泵，安装制动真空泵，安装制冷空调管，安装电机控制器，加注减速器油，安装机舱底部护板，安装左、右前轮轮胎，连接车载充电器处直流母线，加注冷却液，连接蓄电池负极电缆，操作空调制冷剂的加注程序，关闭前机舱盖，完成驱动电机的安装操作。

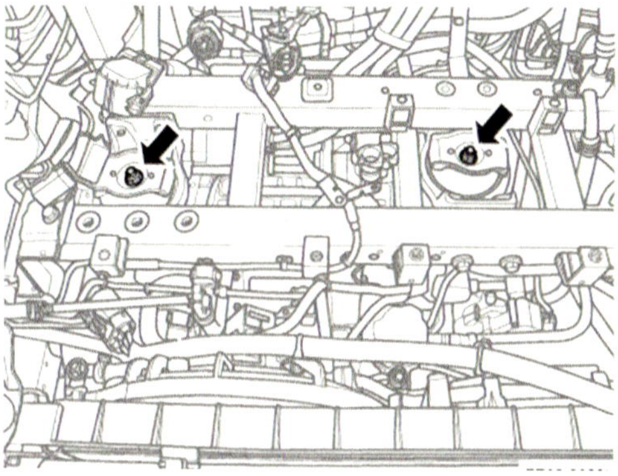

图 3-16　动力总成固定螺母的拆卸

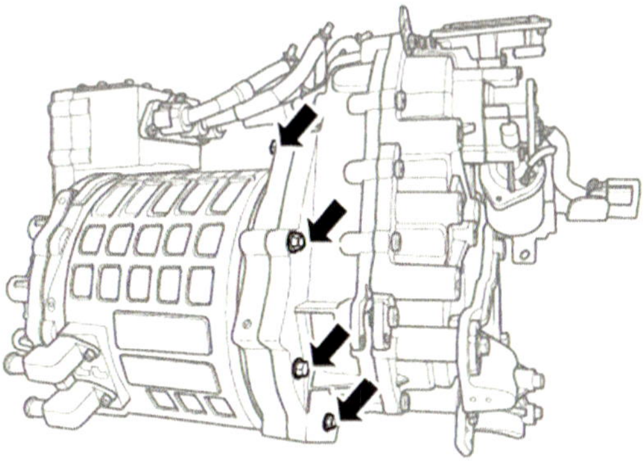

图 3-17　分离驱动电机及减速器总成

五、填写工单

驱动电机的拆卸与安装任务工单见表 3-11。

表 3-11　驱动电机的拆卸与安装任务工单

<table>
<tr><td rowspan="2">驱动电机的拆卸与安装</td><td rowspan="2">工作任务单</td><td>班级：</td></tr>
<tr><td>姓名：</td></tr>
<tr><td colspan="3">1. 学习任务
小李在吉利新能源汽车 4S 店实习，今天师傅告诉他需要对吉利 EV450 驱动系统进行检查。检查发现驱动电机出现漏油故障，需要对驱动电机进行拆卸维修。作为维修技师，你能完成驱动电机的拆卸与安装任务吗？</td></tr>
</table>

续表

<table>
<tr><th>任务</th><th colspan="2">自测标准</th><th>学习建议</th></tr>
<tr><td rowspan="4">资料准备</td><td>防护装备</td><td>车内外三件套</td><td rowspan="4">工欲善其事，必先利其器。完成学习任务的第一步是熟悉并掌握新能源汽车维护相关的工具设备，做好准备工作</td></tr>
<tr><td>实训车辆</td><td>实训车辆等</td></tr>
<tr><td>工具设备</td><td>防护工具、绝缘工具等</td></tr>
<tr><td>辅助资料</td><td>汽车维修手册、教材</td></tr>
<tr><td rowspan="3">实施步骤</td><td>驱动电机拆装前的工作</td><td>驱动电机拆装前的工作包括打开前机舱盖、断开蓄电池负极电缆、断开车载充电器处直流母线等</td><td rowspan="3">安装时环箍装配位置应该与管路标示线对齐；插接器的安装时应注意“一插、二响、三确认”</td></tr>
<tr><td>驱动电机拆卸</td><td>断开相关插头，拆卸电机进、出水管环箍，脱开电机冷却水管，分离减速器</td></tr>
<tr><td>驱动电机安装</td><td>驱动电机安装步骤与驱动电机拆卸步骤完全相反</td></tr>
<tr><td colspan="4">2. 学习笔记</td></tr>
<tr><td colspan="4">（1）吉利 EV450 驱动电机总成的组成。</td></tr>
<tr><td colspan="4">（2）吉利 EV450 驱动电机控制器组成。</td></tr>
<tr><td colspan="4">（3）吉利 EV450 减速器总成的组成。</td></tr>
</table>

六、任务评价

学生对各自完成的任务和小组代表展示的情况进行自评（见表 3-12）、互评（见表 3-13），教师按考核及评价表（见表 3-14）对学生训练过程、训练结果（含任务工单）进行评估。

（一）自我评价

（1）训练任务的关键技能及基本技能有没有掌握？

评价情况：______________________________

（2）训练任务的目标有没有实现？效果如何？

评价情况：______

（3）100 分的任务，您给自己打多少分？______

表 3-12　驱动电机的拆卸与安装质量评价表

项目	检查点	评价标准	配分	检测记录	得分
作业前准备	场地安全、安全防护准备	遗漏不得分	10		
	断蓄电池负极，静置 5 分钟	操作不准确不得分	10		
保养作业	拆装驱动电机相关总成	操作不准确不得分	10		
	断开驱动电机相关插头	操作不准确不得分	10		
	拆卸电机进、出水管环箍，脱开电机冷却水管	操作不准确不得分	10		
	拆卸后悬置，放置举升平台车	操作不准确不得分	10		
	拆卸动力总成 2 个固定螺母，缓慢下降举升平台车	操作不准确不得分	20		
	分离减速器	操作不准确不得分	10		
安全操作		违反安全规章 1 项扣 2 分（扣完为止），严重违章不得分	10		

（二）小组评价

（1）训练任务的关键技能及基本技能有没有掌握？

评价情况：______

（2）训练任务的目标有没有实现？效果如何？

评价情况：______

参评人员：______

（3）100 分的任务，您给他（她）打多少分？______

表 3-13　驱动电机的拆卸与安装学习效能评价表

序号	项目	内容	程度	不能的原因
1	知识学习	驱动电机组成	□ 能　□ 不能	
2		减速器组成	□ 能　□ 不能	
3		驱动电机控制器的组成	□ 能　□ 不能	
4		驱动电机的拆装流程	□ 能　□ 不能	
5		驱动电机的拆装的安全规范	□ 能　□ 不能	

续表

<table>
<tr><th>序号</th><th>项目</th><th>内容</th><th colspan="2">程度</th><th>不能的原因</th></tr>
<tr><td>6</td><td rowspan="3">技能学习</td><td>驱动电机的拆装的工具设备的选择</td><td>□ 能</td><td>□ 不能</td><td></td></tr>
<tr><td>7</td><td>驱动电机的拆装操作</td><td>□ 能</td><td>□ 不能</td><td></td></tr>
<tr><td>8</td><td>其他相关系统的拆装操作</td><td>□ 能</td><td>□ 不能</td><td></td></tr>
<tr><td colspan="6">经验积累与问题解决</td></tr>
<tr><td colspan="3">经验积累</td><td colspan="3">问题解决</td></tr>
<tr><td colspan="3"></td><td colspan="3"></td></tr>
<tr><td colspan="3"></td><td colspan="3"></td></tr>
<tr><td rowspan="2">签审</td><td colspan="4">1. 学生评价委员会意见：
年　月　日</td><td>评价等级认定</td></tr>
<tr><td colspan="4">2. 指导教师意见：
年　月　日</td><td></td></tr>
</table>

（三）教师评价

教师按考核及评价表对学生训练过程、训练结果（含任务工单）进行评估。

评价情况：________________________________

教师签名：__________　　日期：______年______月______日

表 3-14　考核及评价表

姓名：__________　身份证号：__________　学号：__________

专业：__________　班级：__________　日期：__________

序号	检查项目	自我评价	小组评价	教师评价	备注
1	遵守安全操作规范（10 分）				
2	态度端正，工作认真，按步骤操作（10 分）				
3	驱动电机拆装前的工作（10 分）				
4	驱动电机拆卸作业（10 分）				
5	驱动电机安装作业（20 分）				
6	遵守纪律（10 分）				
7	做好 7S 管理工作（10 分）				
8	完成本工作任务单的全部内容（20 分）				
合计					
总分					

（四）综合评价

驱动电机的拆卸与安装任务综合能力评价表 3-15。

表 3-15 驱动电机的拆卸与安装任务综合能力评价表

<table>
<tr><td colspan="2">学习任务名称</td><td colspan="8"></td><td colspan="2">学习时间</td><td colspan="6"></td></tr>
<tr><td colspan="2">班级</td><td colspan="8"></td><td colspan="2">学习团队</td><td colspan="6"></td></tr>
<tr><td colspan="2">评价指标</td><td colspan="8">评价情况</td><td colspan="5">否定结果原因</td><td>自评</td><td>互评</td><td>师评</td></tr>
<tr><td>1</td><td>学习态度</td><td colspan="8">□优秀 □良好 □一般 □差</td><td colspan="5"></td><td></td><td></td><td></td></tr>
<tr><td>2</td><td>知识学习</td><td colspan="8">□优 □良 □中 □差</td><td colspan="5"></td><td></td><td></td><td></td></tr>
<tr><td>3</td><td>技能学习</td><td colspan="8">□优 □良 □中 □差</td><td colspan="5"></td><td></td><td></td><td></td></tr>
<tr><td>4</td><td>完成时间</td><td colspan="8">□提前 □准时 □延后 □未完成</td><td colspan="5"></td><td></td><td></td><td></td></tr>
<tr><td>5</td><td>保养质量</td><td colspan="8">□合格 □不良 □返修 □报废</td><td colspan="5"></td><td></td><td></td><td></td></tr>
<tr><td>6</td><td>成果展示</td><td colspan="8">□清晰流畅 □需要补充 □不清晰流畅</td><td colspan="5"></td><td></td><td></td><td></td></tr>
<tr><td>7</td><td>操作方法</td><td colspan="8">□正确 □部分正确 □不正确</td><td colspan="5"></td><td></td><td></td><td></td></tr>
<tr><td>8</td><td>安全规范</td><td colspan="8">□很好 □好 □较好 □不好</td><td colspan="5"></td><td></td><td></td><td></td></tr>
<tr><td>9</td><td>7S 管理</td><td colspan="8">□很好 □好 □较好 □不好</td><td colspan="5"></td><td></td><td></td><td></td></tr>
<tr><td>10</td><td>分工协作</td><td colspan="8">□很好 □好 □较好 □不好</td><td colspan="5"></td><td></td><td></td><td></td></tr>
<tr><td>11</td><td>沟通交流</td><td colspan="8">□很好 □好 □较好 □不好</td><td colspan="5"></td><td></td><td></td><td></td></tr>
<tr><td>12</td><td>问题解决</td><td colspan="8">□及时 □较及时 □不及时</td><td colspan="5"></td><td></td><td></td><td></td></tr>
<tr><td>13</td><td>创新精神</td><td colspan="8">□优秀 □良好 □一般 □不足</td><td colspan="5"></td><td></td><td></td><td></td></tr>
<tr><td>14</td><td>规划掌控</td><td colspan="8">□很好 □好 □较好 □不好</td><td colspan="5"></td><td></td><td></td><td></td></tr>
<tr><td colspan="2" rowspan="2">学习任务完成自评总结</td><td colspan="10" rowspan="2"></td><td colspan="2">亮点</td><td colspan="4"></td></tr>
<tr><td colspan="2">缺点</td><td colspan="4"></td></tr>
<tr><td colspan="2">团队评价</td><td colspan="2">团队自评</td><td colspan="5">□优 □良 □中 □差</td><td colspan="2">团队互评</td><td colspan="7">□优 □良 □中 □差</td></tr>
<tr><td rowspan="7">学生个人评价</td><td rowspan="2">姓名</td><td colspan="16">项目</td></tr>
<tr><td>1</td><td>2</td><td>3</td><td>4</td><td>5</td><td>6</td><td>7</td><td>8</td><td>9</td><td>10</td><td>11</td><td>12</td><td>13</td><td>14</td><td>15</td><td>16</td></tr>
<tr><td></td><td></td><td></td><td></td><td></td><td></td><td></td><td></td><td></td><td></td><td></td><td></td><td></td><td></td><td></td><td></td><td></td></tr>
<tr><td></td><td></td><td></td><td></td><td></td><td></td><td></td><td></td><td></td><td></td><td></td><td></td><td></td><td></td><td></td><td></td><td></td></tr>
<tr><td></td><td></td><td></td><td></td><td></td><td></td><td></td><td></td><td></td><td></td><td></td><td></td><td></td><td></td><td></td><td></td><td></td></tr>
<tr><td></td><td></td><td></td><td></td><td></td><td></td><td></td><td></td><td></td><td></td><td></td><td></td><td></td><td></td><td></td><td></td><td></td></tr>
<tr><td></td><td></td><td></td><td></td><td></td><td></td><td></td><td></td><td></td><td></td><td></td><td></td><td></td><td></td><td></td><td></td><td></td></tr>
<tr><td rowspan="2">审定意见</td><td colspan="6">学习组长</td><td colspan="6">指导教师</td><td colspan="5">教研组长</td></tr>
<tr><td colspan="6">年 月 日</td><td colspan="6">年 月 日</td><td colspan="5">年 月 日</td></tr>
</table>

七、拓展学习

（一）学习感想交流

吉利 EV450 一般被认为适配了吉利新能源第三代电驱动技术。吉利 EV450 的动力电池热管理系统配置了单独散热循环管路。驱动电机和电机控制模块高压线缆关联，“二合一”高压用电单元小总成，布设的位置也进行了调整（左右换位）。在上一代吉利 EV300 基础上，对电驱动、动力电池散热管路和空调高低压管进行了重新设计铺设，缩减了“四通”和管路数量、降低了自重，提升了可靠性。

显然，吉利 EV450 电动汽车适配的电驱动技术一直在进化。

将你的感想分享给老师和同学吧！

（二）课后作业

（1）进行下一任务冷却系统的检查学习信息收集与筛选和资源的准备。

（2）进行下一任务冷却系统的检查学习设备与工具的准备。

项目四　冷却系统维护

为了有效预防温度过高导致驱动电机系统发生故障、出现危险，需要使用冷却系统对驱动电机系统进行温度控制。

任务一　冷却系统检查

【案例引入】

车主李先生的吉利 EV450 开了两年，整体车况很好，今天准备开到 4S 店进行维护。保养项目中有一项是对车辆的冷却系统进行维护。你知道冷却系统维护主要包括哪些内容吗？在维护过程中的注意事项有哪些呢？

【任务目标】

技能目标

1. 正确使用冷却系统检查的工具设备
2. 对冷却系统冷却液正确进行更换操作
3. 完成冷却液检查（电池）检查作业
4. 完成冷却液检查（暖风）检查作业

素养目标

1. 在工作过程中与小组其他成员合作、交流，形成团队合作意识，锻炼沟通能力
2. 养成 7S 的工作习惯
3. 养成服从管理、规范作业的良好工作习惯
4. 提高与时俱进、不断学习的意识
5. 培养爱国情怀，提升民族自豪感

【任务实施】

一、知识准备

吉利 EV450 冷却系统的作用是通过冷却液循环散热为驱动电机、车载充电机（如配备）、电机控制器、动力电池等部件进行散热。冷却系统（电机/电池）有两个电动水泵，电动水泵由低压电路驱动，为冷却液的循环提供压力。在电动水泵的驱动下冷却液在管路中的流向，如图 4-1 所示。

驱动电机转子高速旋转产生高温，热量会通过机体传递，如果不加以降温，驱动电机将无法正常工作。驱动电机机体内设置有冷却液道，通过冷却液的循环与外界进行热交换。这样能将驱动电机的工作温度保持在一定范围内，防止驱动电机过热。

车载充电机（如配备）工作时将高压交流电转化成高压直流电，其转化过程中会

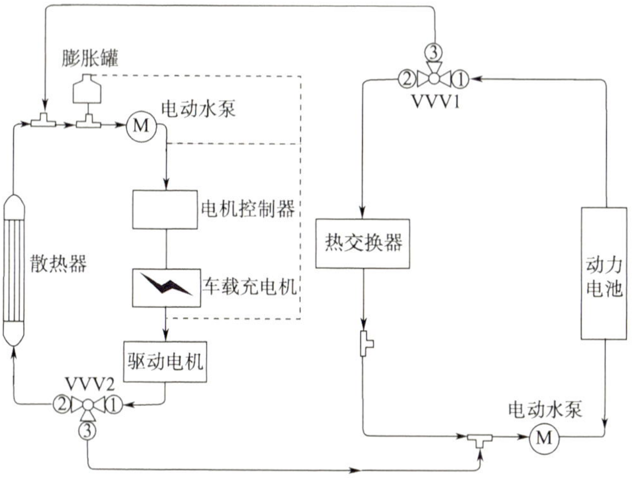

图 4-1　吉利 EV450 冷却液在管路中的流向

产生大量的热，因此车载充电机内部也有冷却液道，通过冷却液的循环降低车载充电机的工作温度。

电机控制器不但控制驱动电机的高压三相供电，还要将动力电池的高压直流电转化成低压直流电为铅酸蓄电池充电。在此过程中会产生热量，需要通过冷却液循环散热。

高压电池工作电流大，产生的热量大，同时电池包处于一个相对封闭的环境，就会导致电池的温度上升。冷却系统通过冷却液的循环降低动力电池的工作温度。

二、维护作业前准备

（1）在进行维护作业前，判断周围环境是否干燥、有无灭火器材等。

（2）维护作业前，做好安全防护准备工作（例如绝缘手套、护目镜、绝缘鞋等的检查与穿戴）。

（3）在进行冷却系统的检查作业操作时，做好车辆安全检查工作。

（4）使用绝缘电阻测试仪、万用表等，必须提前校正仪器的准确性。

（5）使用拆装工具时，需要提前准备好绝缘工具。

（6）对检测所获得的数据，必须认真记录、准确计算、仔细分析，保证检测的准确性、快捷性。

三、工具准备

冷却系统检查工具准备清单见表 4-1。

表 4-1　冷却系统检查工具准备清单

类型	名称	规格	图示
防护工具	绝缘手套	绝缘	
	护目镜	绝缘	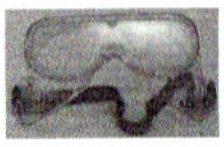
	安全帽	绝缘	
作业工具	诊断仪	X431	
	万用表	优利德	
	绝缘工具	世达	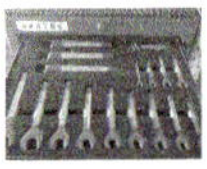
	兆欧表	FLUKE	

四、实践操作

（一）冷却液检查（电池）

（1）查看储液罐液面，液面位置应保持在 F（最高）和 L（最低）标记之间，如图 4-2 所示。

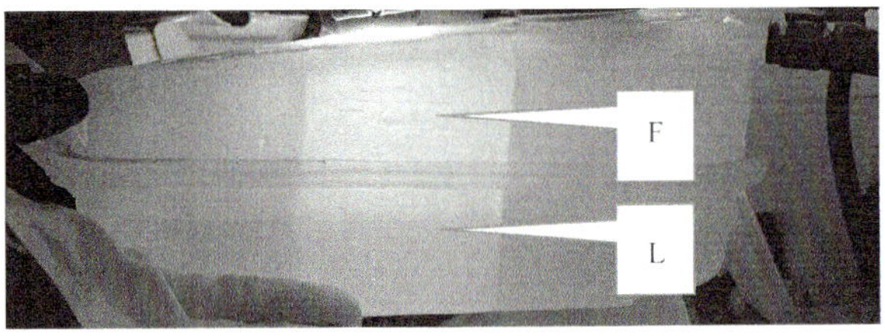

图 4-2　电机（电池）冷却液膨胀水箱

（2）拧开加注口盖，查看冷却液颜色是否浑浊，冰点是否符合要求。

注意：

①缓慢旋开加注口盖，散热（水温高）时切勿揭开，以免烫伤。

②如果冷却液不在规定范围内，应该添加，如果冷却液颜色浑浊或冰点不符合要求，则应更换。

（二）冷却液更换（电池）

1. 更换冷却液

（1）打开冷却液膨胀罐总成盖，如图 4-3 所示。

图 4-3　吉利 EV450 冷却液（电池）膨胀水箱

（2）断开散热器出水管，用回收容器接收流出的冷却液，如图 4-4 所示。

图 4-4　吉利 EV450 散热器出水管

注意：集中回收处理动力电池冷却液，等待报废或再生利用，不要将旧高压电池冷却液排入下水管道，以保护环境。

2. 加注冷却液

（1）连接散热器出水管。

（2）管路检查：确保冷却管路连接完整。

（3）静态加注：将车辆启动至 ON 挡且非充电状态，连接诊断仪，选择吉利 EV450 车型→空调控制器（AC）→特殊功能，选择加注初始化，车辆处于加注初始化状态。

（4）拧开膨胀罐盖，缓慢加注冷却液，直至膨胀罐内冷却液量达到 80%左右且液位不再下降。

注意：动力电池的冷却液需选用冰点≤-40℃的冷却液。

（5）系统排气：控制诊断仪，使车辆处于排气状态。如果液位下降，及时补充冷却液。排气过程时长不小于 10 分钟。

（6）观察膨胀罐，若冷却液位下降，则及时补充冷却液，保证冷却液液位处于 MAX 线和 MIN 线之间。

（7）加注完成：拧紧膨胀罐盖，控制诊断仪，使车辆恢复默认模式。

（三）冷却液检查（暖风）

（1）查看储液罐液面，液面位置应该保持在 MAX 和 MIN 之间，如图 4-5 所示。

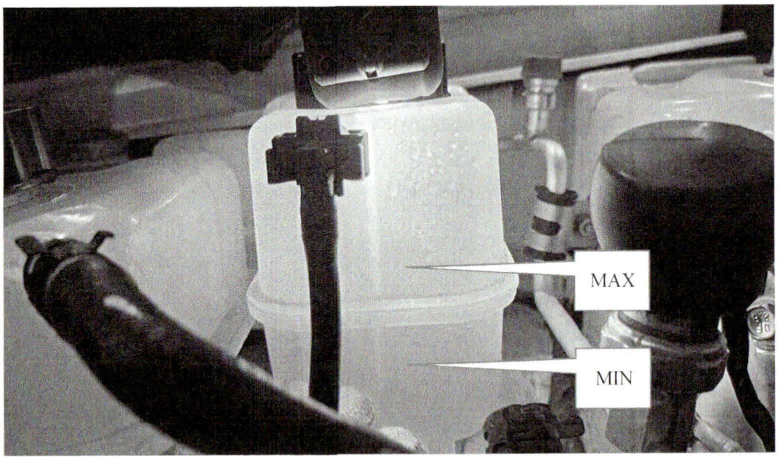

图 4-5　冷却液（暖风）液位标准范围

（2）拧开加注口盖，查看冷却液颜色是否浑浊。

注意：

①缓慢旋开加注口盖，散热时切勿揭开，以免烫伤。

②如果冷却液不在规定范围内，应该添加。如果冷却液颜色浑浊，则应更换。

（四）冷却液更换（暖风）

（1）打开冷却液膨胀罐总成盖，如图 4-6 所示。

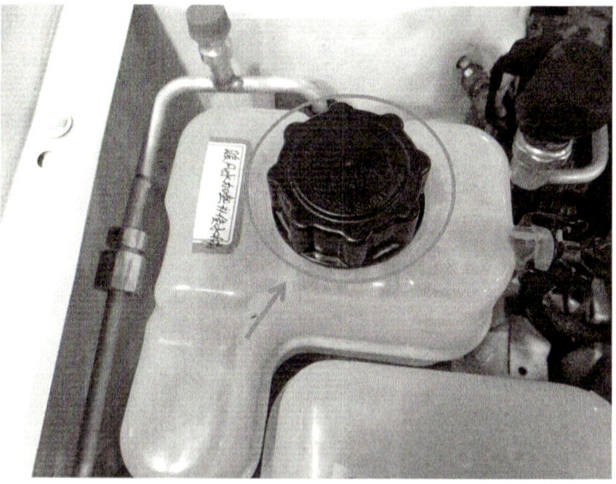

图 4-6　冷却液（暖风）膨胀罐总成盖

（2）断开暖风循环水泵出水管，用回收容器接收放出的冷却液，暖风循环水泵出水管，如图 4-7 所示。

注意：集中回收处理旧暖风冷却液，等待报废或再生利用，不要将旧暖风冷却液排入下水管道，以保护环境。

图 4-7　暖风循环水泵出水管

（3）连接暖风循环水泵水管。

（4）静态加注：将车辆启动至 ON 挡且非充电状态，连接诊断仪，选择吉利

EV450 车型→空调控制器（AC）→特殊功能，选择加注初始化，车辆处于加注初始化状态。

（5）拧开膨胀罐盖，缓慢加注冷却液，直至膨胀罐内冷却液量达到 80%左右且液位不再下降。

注意：暖风冷却液需选用冰点≤－40℃的冷却液。

（6）系统排气：控制诊断仪，使车辆处于排气状态。如果液位下降，及时补充冷却液。排气过程时长不小于 10 分钟。

（7）观察膨胀罐内，若冷却液位下降，则及时补充冷却液，保证冷却液液位处于 MAX 线和 MIN 线之间。

（8）加注完成：拧紧膨胀罐盖，控制诊断仪，使车辆恢复默认模式。

五、填写工单

冷却系统检查任务工单见表 4-2。

表 4-2　冷却系统检查任务工单

<table>
<tr><td rowspan="2">冷却系统的检查</td><td rowspan="2" colspan="2">工作任务单</td><td>班级：</td></tr>
<tr><td>姓名：</td></tr>
<tr><td colspan="4">1. 学习任务
车主李先生的吉利 EV450 开了两年，整体车况很好，今天准备开到 4S 店进行维护。保养项目中有一项是对车辆的冷却系统进行维护。你知道冷却系统维护主要包括哪些内容吗？在维护过程中的注意事项有哪些呢？</td></tr>
<tr><td>任务</td><td colspan="2">自测标准</td><td>学习建议</td></tr>
<tr><td rowspan="4">资料准备</td><td>防护装备</td><td>车内外三件套</td><td rowspan="4">工欲善其事，必先利其器。完成学习任务的第一步是熟悉并掌握新能源汽车维护相关的工具设备，做好准备工作</td></tr>
<tr><td>实训车辆</td><td>实训车辆等</td></tr>
<tr><td>工具设备</td><td>防护工具、绝缘工具等</td></tr>
<tr><td>辅助资料</td><td>汽车维修手册、教材</td></tr>
<tr><td rowspan="3">实施步骤</td><td>冷却液检查（电池）</td><td>（1）查看储液罐液面
（2）拧开加注口盖，查看冷却液颜色是否浑浊，冰点是否符合要求</td><td rowspan="3">系统排气：控制诊断仪，使车辆处于排气状态。如果液位下降，则及时补充冷却液。排气过程时长不小于 10 分钟。
观察膨胀罐内，若冷却液下降，则及时补充冷却液，保证冷却液液位处于 MAX 线和 MIN 线之间。</td></tr>
<tr><td>冷却液更换（电池）</td><td>（1）更换冷却液
（2）加注冷却液</td></tr>
<tr><td>冷却液检查（暖风）</td><td>（1）查看储液罐液面
（2）拧开加注口盖，查看冷却液颜色是否浑浊</td></tr>
</table>

续表

<table>
<tr><th>任务</th><th colspan="2">自测标准</th><th>学习建议</th></tr>
<tr><td>实施步骤</td><td>冷却液更换（暖风）</td><td>（1）打开冷却液膨胀罐总成盖
（2）断开暖风循环水泵出水管
（3）连接暖风循环水泵水管。
（4）静态加注</td><td>加注完成：拧紧膨胀罐盖，控制诊断仪，使车辆恢复默认模式</td></tr>
<tr><td colspan="4">2. 学习笔记</td></tr>
<tr><td colspan="4">（1）吉利 EV450 冷却系统的组成。</td></tr>
<tr><td colspan="4">（2）吉利 EV450 冷却系统检查的内容。</td></tr>
<tr><td colspan="4">（3）吉利 EV450 冷却系统检查的注意事项。</td></tr>
</table>

六、任务评价

学生对各自完成的任务和小组代表展示的情况进行自评（见表 4-3）、互评（见表 4-4），教师按考核及评价表（见表 4-5）对学生训练过程、训练结果（含任务工单）进行评估。

（一）自我评价

（1）训练任务的关键技能及基本技能有没有掌握？

评价情况：____

（2）训练任务的目标有没有实现？效果如何？

评价情况：____

（3）100 分的任务，您给自己打多少分？________________________

表 4-3　冷却系统检查质量评价表

项目	检查点	评价标准	配分	检测记录	得分
作业前准备	场地安全、安全防护准备	遗漏不得分	15		
	断蓄电池负极，静置 5 分钟	操作不准确不得分	15		

续表

项目	检查点	评价标准	配分	检测记录	得分
保养作业	冷却液检查（电池）	操作不准确不得分	15		
	冷却液更换（电池）	操作不准确不得分	15		
	冷却液检查（暖风）	操作不准确不得分	15		
	冷却液更换（暖风）	操作不准确不得分	15		
安全操作		违反安全规章 1 项扣 2 分（扣完为止），严重违章不得分	10		

（二）小组评价

（1）训练任务的关键技能及基本技能有没有掌握？

评价情况：________________

（2）训练任务的目标有没有实现？效果如何？

评价情况：________________

参评人员：________________

（3）100 分的任务，您给他（她）打多少分？________________

表 4-4　冷却系统检查学习效能评价表

序号	项目	内容	程度	不能的原因
1	知识学习	冷却系统的功能	□ 能　□ 不能	
2		冷却系统结构组成	□ 能　□ 不能	
3		冷却系统检查内容	□ 能　□ 不能	
4		冷却系统的检查流程	□ 能　□ 不能	
5		冷却系统检查的安全规范	□ 能　□ 不能	
6	技能学习	冷却系统检查的工具设备的选择	□ 能　□ 不能	
7		冷却系统的检查操作	□ 能　□ 不能	
8		冷却液的更换操作	□ 能　□ 不能	
经验积累与问题解决				
经验积累			问题解决	
签审	1. 学生评价委员会意见： 年　月　日			评价等级认定
	2. 指导教师意见： 年　月　日			

（三）教师评价

教师按考核及评价表对学生训练过程、训练结果（含任务工单）进行评估。

评价情况：________________________________

教师签名：__________　　日期：______年______月______日

表 4-5　考核及评价表

姓名：__________　身份证号：__________　学号：__________

专业：__________　班级：__________　日期：__________

序号	检查项目	自我评价	小组评价	教师评价	备注
1	遵守安全操作规范（10 分）				
2	态度端正，工作认真，按步骤操作（10 分）				
3	冷却系统检查的内容（10 分）				
4	冷却液（电池）更换作业（10 分）				
5	冷却液（暖风）更换作业（20 分）				
6	遵守纪律（10 分）				
7	做好 7S 管理工作（10 分）				
8	完成本工作任务单的全部内容（20 分）				
合计					
总分					

（四）综合评价

冷却系统检查任务综合能力评价表见表 4-6。

表 4-6　冷却系统检查任务综合能力评价表

学习任务名称			学习时间			
班级			学习团队			
评价指标		评价情况	否定结果原因	自评	互评	师评
1	学习态度	□优秀　□良好　□一般　□差				
2	知识学习	□优　□良　□中　□差				
3	技能学习	□优　□良　□中　□差				
4	完成时间	□提前　□准时　□延后　□未完成				
5	保养质量	□合格　□不良　□返修　□报废				
6	成果展示	□清晰流畅　□需要补充　□不清晰流畅				

续表

评价指标		评价情况	否定结果原因	自评	互评	师评
7	操作方法	□正确　□部分正确　□不正确				
8	安全规范	□很好　□好　□较好　□不好				
9	7S 管理	□很好　□好　□较好　□不好				
10	分工协作	□很好　□好　□较好　□不好				
11	沟通交流	□很好　□好　□较好　□不好				
12	问题解决	□及时　□较及时　□不及时				
13	创新精神	□优秀　□良好　□一般　□不足				
14	规划掌控	□很好　□好　□较好　□不好				

学习任务完成自评总结		亮点	
		缺点	

团队评价	团队自评	□优　□良　□中　□差	团队互评	□优　□良　□中　□差

学生个人评价	姓名	项目															
		1	2	3	4	5	6	7	8	9	10	11	12	13	14	15	16

审定意见	学习组长	指导教师	教研组长
	年　月　日	年　月　日	年　月　日

七、拓展学习

（一）学习感想交流

相对传统燃油（气）汽车，新能源汽车以“三电”系统（电池、电动机、电控）为核心部件替代了传统发动机，还体现在热管理系统的重要性大幅度提升。故传统燃油（气）汽车主要的冷却部位（广义上称为热管理系统）为汽车空调、发动机和变速器散热系统，而新能源汽车的热管理系统几乎涵盖了所有的核心部件，即电池、电动机、整车电控及空调。因此，新能源汽车的冷却需求与传统汽车相比发生了根本的改变，系统更复杂，冷却要求更高。

将你的感想分享给老师和同学吧！

（二）课后作业

（1）进行下一任务电动水泵的更换学习信息收集与筛选以及资源的准备。

（2）进行下一任务电动水泵的更换学习设备与工具的准备。

任务二　电动水泵更换

【案例引入】

车主李先生的吉利 EV450 开了两年，整体车况很好，今天准备开到 4S 店进行维护。维修人员对车辆的冷却系统进行维护时发现电动水泵损坏。作为维修技师，你能完成帮助客户更换电动水泵的工作吗？

【任务目标】

技能目标

1. 正确使用冷却系统检查的工具设备
2. 对新能源汽车正确进行高压下电操作
3. 完成电动水泵的拆装作业
4. 完成冷却液的更换作业

素养目标

1. 在工作过程中与小组其他成员合作、交流，形成团队合作意识，锻炼沟通能力
2. 养成 7S 的工作习惯
3. 养成服从管理、规范作业的良好工作习惯
4. 提高与时俱进、不断学习的意识
5. 培养爱国情怀，提升民族自豪感

【任务实施】

一、知识准备

下面介绍吉利 EV450 冷却系统工作原理。

（一）电动水泵

冷却系统（电机/电池）有两个电动水泵，电动水泵由低压电路驱动，为冷却液的循环提供压力。在电动水泵的驱动下冷却水泵流量、压力性能曲线如图 4-8 所示。

（二）膨胀罐

膨胀罐总成是一个透明塑料罐，类似于前风窗玻璃清洗剂罐。膨胀罐总成通过水管与散热器连接，随着冷却液的温度升高而膨胀。部分冷却液因膨胀而从车载充电器

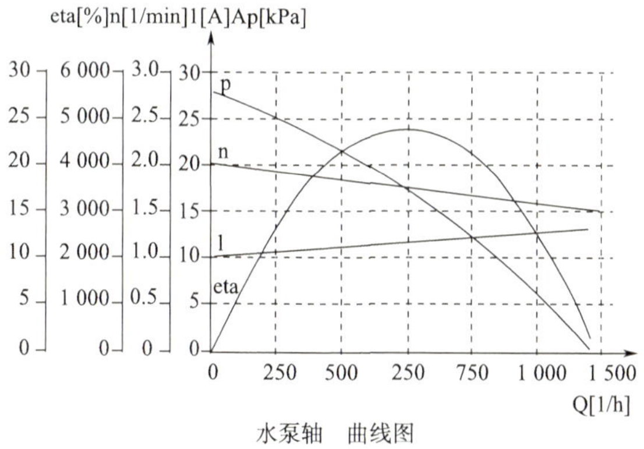

图 4-8　冷却水泵流量、压力性能曲线

流入膨胀罐总成中。散热器和液道中滞留的空气也被排入膨胀罐总成。车辆停止后，冷却液自动冷却并收缩，先前排出的冷却液则被吸回散热器，从而使散热器中的冷却液面一直保持在合适的位置，并提高冷却效率。当冷却系统处于冷态时，冷却液面应保持在膨胀罐总成上的 L 和 F 标记之间。

（三）冷却风扇

冷却风扇总成安装在机舱内散热器的后部，它可增加散热器和空调冷凝器的通风量，从而有助于加快车辆低速行驶时的冷却速度。风扇采用双风扇、高低速的控制模式，通过两个不同的电机驱动扇叶。冷却风扇由 VCU 利用冷却风扇低速继电器和冷却风扇高速继电器直接控制，在低速电路中，采用串联调速电阻的方式来改变风扇的转速。

需要注意，即使在车辆运行时，机舱下的冷却风扇也会启动而伤人，因此要保持手、衣服和工具远离机舱下的电动风扇。如果风扇叶片有任何程度的弯曲或损坏，不要修理或重复使用损坏的部件，必须更换弯曲或损坏的风扇叶片。损坏的风扇叶片不能保持正常的平衡，在连续使用中可能出现故障和飞脱，这种情况非常危险。

（四）冷却液

吉利 EV450 采用的冷却液为符合 SH0521 要求的电机用乙二醇型电机冷却液（防冻液），冰点 ≤ -40℃，禁止使用普通清水。电机冷却液不能混用。冷却液加注量：7 L。冷却系统采用的冷却液与空调系统采用的暖风冷却液材质相同。

二、维护作业前准备

（1）在进行维护作业前，判断周围环境是否干燥、有无灭火器材等。

（2）维护作业前，做好安全防护准备工作（例如绝缘手套、护目镜、绝缘鞋等的检查与穿戴）。

（3）在进行电动水泵的更换作业操作时，做好车辆安全检查工作。

（4）使用绝缘电阻测试仪、万用表等，必须提前校正仪器的准确性。

（5）使用拆装工具时，需要提前准备好绝缘工具。

（6）对检测所获得的数据，必须认真记录、准确计算、仔细分析，保证检测的准确性、快捷性。

三、工具准备

电动水泵的更换工具准备清单见表4-7。

表4-7　电动水泵的更换工具准备清单

类型	名称	规格	图示
防护工具	绝缘手套	绝缘	
	护目镜	绝缘	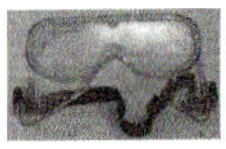
	安全帽	绝缘	
作业工具	诊断仪	X431	
	万用表	优利德	
	绝缘工具	世达	
	兆欧表	FLUKE	

四、实践操作

（一）吉利 EV450 电动水泵（电机）的更换

1. 拆卸程序

（1）打开前机舱盖。

（2）断开蓄电池负极电缆。

（3）拆卸电动水泵：

①断开电动水泵线束连接器，如图 4-9 所示。

②拆卸环箍，脱开散热器出水管（电动水泵侧），如图 4-9 所示。

③拆卸环箍，脱开电机控制器总成进水管（电动水泵侧），如图 4-9 所示。

图 4-9　电动水泵线束连接器、环箍

④拆卸电动水泵螺栓，如图 4-10 所示。

注意：水管脱开前，应在车辆底部放置容器，接住防冻液，以免污染地面。

图 4-10　电动水泵螺栓

2. 安装程序

（1）安装电动水泵：

①放置电动水泵，安装电动水泵螺栓，力矩：9 N · m。

②安装电动水泵线束连接器 。

注意：插接时注意“ 一插、二响、三确认 ”。

③安装环箍，脱开散热器出水管（电动水泵侧）。

④安装环箍，脱开电机控制器总成进水管（电动水泵侧）。

注意：环箍装配位置应该与管路标示线对齐。

（2）加注冷却液。

（3）连接蓄电池负极电缆。

（4）关闭前机舱盖。

（二）吉利 EV450 电动水泵（电池）的更换

1. 拆卸程序

（1）打开前机舱盖。

（2）断开蓄电池负极电缆。

（3）拆装机舱底部护板总成。

（4）排放电池冷却系统冷却液。

（5）拆卸电动水泵（电池）：

①断开电动水泵线束连接器。

②拆卸电动水泵与水泵出水管的连接卡箍，脱开水泵出水管。

③拆卸电动水泵与水泵进水管的连接卡箍，脱开水泵进水管。

④拆卸电动水泵支架上固定螺母，取下电动水泵总成。

2. 安装程序

（1）安装电动水泵（电池）：

①放置电动水泵，安装电动水泵支架上固定螺母，力矩：9 N · m。

②连接电动水泵与水泵进水管，用卡箍紧固。

③连接电动水泵与水泵出水管，用卡箍紧固。

④连接电动水泵线束连接器。

注意：插接时注意“ 一插、二响、三确认 ”。

（2）安装机舱底部护板总成。

（3）加注冷却液。

（4）连接蓄电池负极电缆。

（5）关闭前机舱盖。

五、填写工单

电动水泵的更换任务工单见表 4-8。

表 4-8 电动水泵的更换任务工单

<table>
<tr><td colspan="2">电动水泵的更换</td><td>工作任务单</td><td>班级：
姓名：</td></tr>
<tr><td colspan="4">1. 学习任务
车主李先生的吉利 EV450 开了两年，整体车况很好，今天准备开到 4S 店进行维护。维修人员对车辆的冷却系统进行维护时发现电动水泵损坏。作为维修技师，你能完成帮助客户更换电动水泵的工作吗？</td></tr>
<tr><td>任务</td><td colspan="2">自测标准</td><td>学习建议</td></tr>
<tr><td rowspan="4">资料准备</td><td>防护装备</td><td>车内外三件套</td><td rowspan="4">工欲善其事，必先利其器。完成学习任务的第一步是熟悉并掌握新能源汽车维护相关的工具设备，做好准备工作</td></tr>
<tr><td>实训车辆</td><td>实训车辆等</td></tr>
<tr><td>工具设备</td><td>防护工具、绝缘工具等</td></tr>
<tr><td>辅助资料</td><td>汽车维修手册、教材</td></tr>
<tr><td rowspan="4">实施步骤</td><td>吉利 EV450 电动水泵（电机）的拆卸</td><td>（1）打开前机舱盖。
（2）断开蓄电池负极电缆。
（3）拆卸电动水泵</td><td rowspan="4">注意：环箍装配位置应该与管路标示线对齐。插接时注意“一插、二响、三确认”</td></tr>
<tr><td>吉利 EV450 电动水泵（电机）的安装</td><td>（1）安装电动水泵
（2）加注冷却液。
（3）连接蓄电池负极电缆。
（4）关闭前机舱盖</td></tr>
<tr><td>吉利 EV450 电动水泵（电池）的拆卸</td><td>（1）打开前机舱盖。
（2）断开蓄电池负极电缆。
（3）拆装机舱底部护板总成。
（4）排放电池冷却系统冷却液。
（5）拆卸电动水泵（电池）</td></tr>
<tr><td>吉利 EV450 电动水泵（电池）的安装</td><td>（1）安装电动水泵（电池）。
（2）安装机舱底部护板总成。
（3）加注冷却液。
（4）连接蓄电池负极电缆。
（5）关闭前机舱盖</td></tr>
<tr><td colspan="4">2. 学习笔记</td></tr>
<tr><td colspan="4">（1）吉利 EV450 冷却系统组成部件。</td></tr>
</table>

续表

（2）吉利 EV450 冷却系统的工作原理。
（3）吉利 EV450 电动水泵更换的步骤。

六、任务评价

学生对各自完成的任务和小组代表展示的情况进行自评（见表 4-9）、互评（见表 4-10），教师按考核及评价表（见表 4-11）对学生训练过程、训练结果（含任务工单）进行评估。

（一）自我评价

（1）训练任务的关键技能及基本技能有没有掌握？

评价情况：____

（2）训练任务的目标有没有实现？效果如何？

评价情况：____

（3）100 分的任务，您给自己打多少分？____________________

表 4-9　电动水泵的更换质量评价表

项目	检查点	评价标准	配分	检测记录	得分
作业前准备	场地安全、安全防护准备	遗漏不得分	10		
	断蓄电池负极，静置 5 分钟	操作不准确不得分	10		
保养作业	吉利 EV450 电动水泵（电机）的拆卸	操作不准确不得分	15		
	吉利 EV450 电动水泵（电机）的安装	操作不准确不得分	15		
	吉利 EV450 电动水泵（电池）的拆卸	操作不准确不得分	20		
	吉利 EV450 电动水泵（电池）的安装	操作不准确不得分	20		
安全操作		违反安全规章 1 项扣 2 分（扣完为止），严重违章不得分	10		

（二）小组评价

（1）训练任务的关键技能及基本技能有没有掌握？

评价情况：________________

（2）训练任务的目标有没有实现？效果如何？

评价情况：________________

参评人员：________________

（3）100 分的任务，您给他（她）打多少分？________________

表 4-10　电动水泵的更换学习效能评价表

<table>
<tr><th>序号</th><th>项目</th><th>内容</th><th>程度</th><th>不能的原因</th></tr>
<tr><td>1</td><td rowspan="5">知识学习</td><td>冷却系统的组成</td><td>□ 能　□ 不能</td><td></td></tr>
<tr><td>2</td><td>冷却系统的工作原理</td><td>□ 能　□ 不能</td><td></td></tr>
<tr><td>3</td><td>冷却系统检查内容</td><td>□ 能　□ 不能</td><td></td></tr>
<tr><td>4</td><td>电动水泵的拆装流程</td><td>□ 能　□ 不能</td><td></td></tr>
<tr><td>5</td><td>冷却系统检查的安全规范</td><td>□ 能　□ 不能</td><td></td></tr>
<tr><td>6</td><td rowspan="3">技能学习</td><td>冷却系统检查的工具设备的选择</td><td>□ 能　□ 不能</td><td></td></tr>
<tr><td>7</td><td>冷却系统的检查操作</td><td>□ 能　□ 不能</td><td></td></tr>
<tr><td>8</td><td>电动水泵的拆装操作</td><td>□ 能　□ 不能</td><td></td></tr>
<tr><td colspan="5">经验积累与问题解决</td></tr>
<tr><td colspan="3">经验积累</td><td colspan="2">问题解决</td></tr>
<tr><td colspan="3"></td><td colspan="2"></td></tr>
<tr><td colspan="3"></td><td colspan="2"></td></tr>
<tr><td rowspan="2">签审</td><td colspan="3">1. 学生评价委员会意见：
年　月　日</td><td>评价等级认定</td></tr>
<tr><td colspan="3">2. 指导教师意见：
年　月　日</td><td></td></tr>
</table>

（三）教师评价

教师按考核及评价表对学生训练过程、训练结果（含任务工单）进行评估。

评价情况：________________

教师签名：__________　　日期：______年______月______日

表 4-11　考核及评价表

姓名：＿＿＿＿＿＿　身份证号：＿＿＿＿＿＿　学号：＿＿＿＿＿＿

专业：＿＿＿＿＿＿　班级：＿＿＿＿＿＿　日期：＿＿＿＿＿＿

序号	检查项目	自我评价	小组评价	教师评价	备注
1	遵守安全操作规范（10 分）				
2	态度端正，工作认真，按步骤操作（10 分）				
3	冷却系统工作原理（10 分）				
4	电动水泵（电机）拆装作业（10 分）				
5	电动水泵（电池）拆装作业（20 分）				
6	遵守纪律（10 分）				
7	做好 7S 管理工作（10 分）				
8	完成本工作任务单的全部内容（20 分）				
合计					
总分					

（四）综合评价

电动水泵的更换任务综合能力评价表见表 4-12。

表 4-12　电动水泵的更换任务综合能力评价表

学习任务名称			学习时间			
班级			学习团队			
评价指标		评价情况	否定结果原因	自评	互评	师评
1	学习态度	□优秀　□良好　□一般　□差				
2	知识学习	□优　□良　□中　□差				
3	技能学习	□优　□良　□中　□差				
4	完成时间	□提前　□准时　□延后　□未完成				
5	保养质量	□合格　□不良　□返修　□报废				
6	成果展示	□清晰流畅　□需要补充　□不清晰流畅				
7	操作方法	□正确　□部分正确　□不正确				
8	安全规范	□很好　□好　□较好　□不好				
9	7S 管理	□很好　□好　□较好　□不好				
10	分工协作	□很好　□好　□较好　□不好				
11	沟通交流	□很好　□好　□较好　□不好				
12	问题解决	□及时　□较及时　□不及时				

续表

<table>
<tr><td colspan="2">评价指标</td><td colspan="8">评价情况</td><td colspan="4">否定结果原因</td><td colspan="2">自评</td><td>互评</td><td>师评</td></tr>
<tr><td>13</td><td>创新精神</td><td colspan="8">□优秀　□良好　□一般　□不足</td><td colspan="4"></td><td colspan="2"></td><td></td><td></td></tr>
<tr><td>14</td><td>规划掌控</td><td colspan="8">□很好　□好　□较好　□不好</td><td colspan="4"></td><td colspan="2"></td><td></td><td></td></tr>
<tr><td colspan="2" rowspan="2">学习任务完成自评总结</td><td colspan="10" rowspan="2"></td><td colspan="2">亮点</td><td colspan="4"></td></tr>
<tr><td colspan="2">缺点</td><td colspan="4"></td></tr>
<tr><td colspan="2">团队评价</td><td>团队</td><td colspan="7">□优　□良　□中　□差</td><td>团队</td><td colspan="7">□优　□良　□中　□差</td></tr>
<tr><td rowspan="7">学生个人评价</td><td rowspan="2">姓名</td><td colspan="16">项目</td></tr>
<tr><td>1</td><td>2</td><td>3</td><td>4</td><td>5</td><td>6</td><td>7</td><td>8</td><td>9</td><td>10</td><td>11</td><td>12</td><td>13</td><td>14</td><td>15</td><td>16</td></tr>
<tr><td></td><td></td><td></td><td></td><td></td><td></td><td></td><td></td><td></td><td></td><td></td><td></td><td></td><td></td><td></td><td></td><td></td></tr>
<tr><td></td><td></td><td></td><td></td><td></td><td></td><td></td><td></td><td></td><td></td><td></td><td></td><td></td><td></td><td></td><td></td><td></td></tr>
<tr><td></td><td></td><td></td><td></td><td></td><td></td><td></td><td></td><td></td><td></td><td></td><td></td><td></td><td></td><td></td><td></td><td></td></tr>
<tr><td></td><td></td><td></td><td></td><td></td><td></td><td></td><td></td><td></td><td></td><td></td><td></td><td></td><td></td><td></td><td></td><td></td></tr>
<tr><td></td><td></td><td></td><td></td><td></td><td></td><td></td><td></td><td></td><td></td><td></td><td></td><td></td><td></td><td></td><td></td><td></td></tr>
<tr><td rowspan="2">审定意见</td><td colspan="6">学习组长</td><td colspan="6">指导教师</td><td colspan="5">教研组长</td></tr>
<tr><td colspan="6">年　月　日</td><td colspan="6">年　月　日</td><td colspan="5">年　月　日</td></tr>
</table>

七、拓展学习

（一）学习感想交流

作为汽车热管理系统的关键部分，电动水泵散热冷却必定产生一定的环境问题。在现阶段强调保护环境、节约生产的背景下，要注意其在生产中制造的废气污染物及其成本问题，探寻电动水泵技术的可持续发展道路。电动泵使用的环境温度在-40～120℃，在使用过程中应尽量避免靠近三元催化、排气管路和发动机，以确保环境温度符合要求。电动水泵不应干运行，最多仅可进行 30s 的干运行。水泵干运行会产生噪声，同时增加磨损。

以每台新能源车平均装配 3 台电动水泵、单个电动水泵的价格约为 250 元粗略计算，2021 年我国新能源电动水泵市场规模约 26.41 亿元，至 2025 年，我国新能源电动水泵用量理论值为 4 500 万个，市场规模约为 112.5 亿元。

将你的感想分享给老师和同学吧！

（二）课后作业

（1）进行下一任务行车制动系统维护学习信息收集与筛选和资源的准备。

（2）进行下一任务行车制动系统维护学习设备与工具的准备。

项目五 制动系统维护

新能源汽车制动系统的维护至关重要，它不仅关乎车辆安全和乘客的生命安全，同时也直接影响车辆性能和能源利用效率。定期检查和保养制动系统可以确保其稳定运行，提高制动性能，预防潜在故障，从而保障新能源汽车在道路上的安全行驶。

任务一　行车制动系统维护

【案例引入】

吉利新能源汽车 4S 店来了一辆 EV450 汽车，其车主购车后已使用两年。根据保养手册要求，需要更换制动液。你知道更换制动液的方法吗？在更换过程中需要注意哪些内容？

【任务目标】

技能目标

1. 正确说出制动系统的功用和分类
2. 正确找出制动系统相关零部件
3. 对制动系统正确进行保养作业
4. 熟练进行制动液的更换

素养目标

1. 在工作过程中与小组其他成员合作、交流，形成团队合作意识，锻炼沟通能力
2. 养成 7S 的工作习惯
3. 养成服从管理、规范作业的良好工作习惯
4. 提高与时俱进、不断学习的意识
5. 培养爱国情怀，提升民族自豪感

【任务实施】

一、知识准备

（一）汽车制动系统的功用

（1）保证汽车行驶中能按驾驶员要求减速停车。

（2）保证车辆可靠停放。

（3）保障汽车和驾驶人的安全。

汽车制动系统按功用分为行车制动系、驻车制动系、第二制动系和辅助制动系。

行车制动系：是由驾驶员用脚来操纵的，故又称脚制动系。它的功用是使正在行驶中的汽车减速或在最短的距离内停车。

驻车制动系：是由驾驶员用手来操纵的，故又称手制动系。它的功用是使已经停

在各种路面上的汽车驻留原地不动。

第二制动系：在行车制动系失效的情况下，保证汽车仍能实现减速或停车的一套装置。许多国家的相关法规中规定，第二制动系是汽车必须具备的。

辅助制动系：用于经常在山区行驶的汽车以及某些特殊用途的汽车，目的是提高行车的安全性和减轻行车制动系性能的衰退及制动器的磨损，用以在下坡时稳定车速。

（二）吉利 EV450 纯电动汽车制动系统

吉利 EV450 制动系统包括制动器、电动真空泵、制动总泵、真空助力器、电子驻车制动（EPB）、真空罐和制动管路等。该制动系统采用通风盘式前制动器、实心盘式后制动器的结构，配备了带有电子制动力分配系统（EBD）的电子车身稳定系统（ESC）制动控制系统和真空助力管理系统，制动助力能通过制动执行器实现制动控制。吉利 EV450 制动系统，如图 5-1 所示。

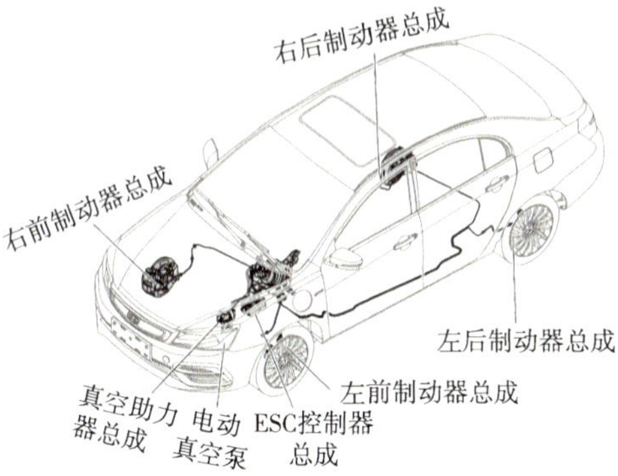

图 5-1　吉利 EV450 纯电动汽车制动系统

制动系统的主要参数，如表 5-1 所示。

表 5-1　吉利 EV450 纯电动汽车制动系统参数表

前制动型	通风盘式	
后制动型	实心盘式	
制动控制系统	带有 EBD 的 ESC	
驻车制动类型	电子驻车制动	
总泵	类型	串联（柱塞式）
	直径［mm（in.）］	23.81（0.94）
制动助力器	类型	贯穿式、双膜片真空助力器
	直径［mm（in.）］	203.2+228.6（8+9）

续表

前盘式制动器	卡钳形式	浮动式
	制动分泵直径［mm（in.）］	60（2.36）
	转子尺寸（D×T）［mm×mm（in.×in.）］	321.2×85（12.65×3.35）
	衬垫材料	NAO
后盘式制动器	卡钳形式	浮动式、带电子驻车制动系统（EPB）驻车机构
	制动分泵直径［mm（in.）］	43（1.69）
	转子尺寸（D×T）［mm×mm（in.×in.）］	290×12（11.42×0.47）
	衬垫材料	NAO

二、维护作业前准备

（1）在进行维护作业前，判断周围环境是否干燥、有无灭火器材等。

（2）维护作业前，做好安全防护准备工作（例如绝缘手套、护目镜、绝缘鞋等的检查与穿戴）。

（3）在进行行车制动系统维护作业操作时，做好车辆安全检查工作。

（4）使用绝缘电阻测试仪、万用表等，必须提前校正仪器的准确性。

（5）使用拆装工具时，需要提前准备好绝缘工具。

（6）对检测所获得的数据，必须认真记录、准确计算、仔细分析，保证检测的准确性、快捷性。

三、工具准备

行车制动系统维护工具准备清单见表 5-2。

表 5-2　行车制动系统维护工具准备清单

类型	名称	规格	图示
防护工具	绝缘手套	绝缘	
	护目镜	绝缘	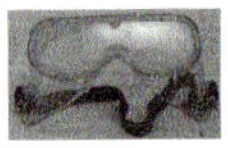
	安全帽	绝缘	

续表

类型	名称	规格	图示
作业工具	诊断仪	X431	
	万用表	优利德	
	绝缘工具	世达	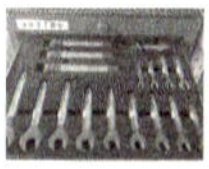
	兆欧表	FLUKE	

四、实践操作

（一）制动衬块检查

（1）定期检查制动衬块（如图 5-2 所示），进行测量，如果超过规格，则更换制动衬块。

（2）如果需要更换，必须按盘式制动衬块更换。

（3）检查盘式制动衬块的摩擦面是否开裂、破裂或损坏。

图 5-2　检查制动衬块

（二）制动钳的检查

（1）检查制动钳壳体是否开裂、严重磨损或损坏，如果出现上述状况，则需要更换制动钳。

（2）检查制动钳活塞防尘罩密封圈是否开裂、破裂、有缺口、老化或未在制动钳体内正确安装，如果出现任何上述状况，则更换制动钳。

（3）检查制动钳活塞防尘罩密封圈周围和盘式制动衬块上是否有制动液泄漏，如果出现制动液泄漏迹象，则更换制动钳。

（4）检查制动钳活塞是否能顺畅进入制动钳缸内且行程完整，制动钳缸内制动钳活塞的运动应顺畅且均匀，如果制动钳活塞卡滞或者难以到达底部，则需要更换制动钳。

（三）制动衬块导向片的检查

（1）检查制动衬块导向片是否存在缺失、严重腐蚀、安装凸舌弯曲状况。

（2）如果发现上述任何情况，则需要更换盘式制动衬块导向片。确保制动衬块在盘式制动衬块导向片上滑动顺畅，没有阻滞现象。

（四）制动盘厚度测量

（1）用工业酒精或类似的制动器清洗剂清洗制动盘摩擦面。

（2）用测微计测量并记录沿制动盘圆周均匀分布的 4 个或 4 个以上位置点的最小厚度，务必确保仅在制动衬块衬面接触区域内进行测量，且每次测量时测微计与制动盘外边缘的距离必须相等，如图 5-3 所示。

图 5-3　制动盘厚度测量

（3）如果制动盘厚度超过规格，则制动盘需要进行表面修整或更换。

注意：对制动盘进行表面修整或更换后，制动衬块也要进行更换。

（五）制动液的加注和更换

吉利 EV450 用的制动液型号为 DOT4，不同型号的制动液不能混用。更换制动液的步骤如下：

（1）打开车门，安装三件套。

（2）打开机舱盖，安装翼子板布及前格栅布。

（3）打开制动液储液罐加注口并取出滤网，如图 5-4 所示。

图 5-4　打开制动液储液罐加注口

（4）清洁吸液管路表面后将抽吸机软管插入制动液储液罐。

（5）按下制动液抽吸机开关，将储液罐里制动液抽出。

（6）补充新制动液（DOT4），使液位达到储液罐的适宜位置，如图 5-5 所示。

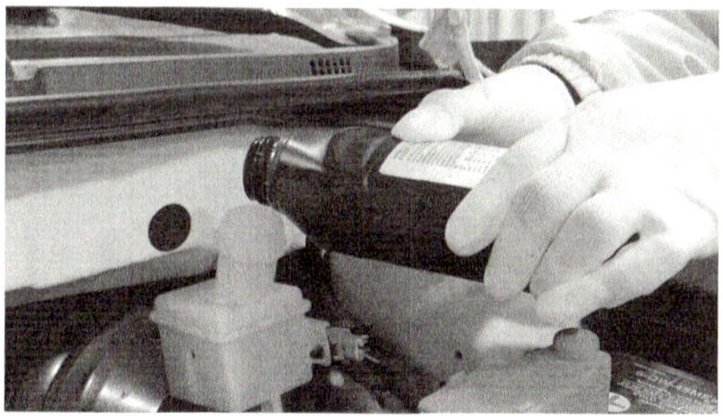

图 5-5　加注制动液

（7）安装制动液加注罐。

（8）举升车辆。

（9）取下右后制动分泵放油口防尘罩。

（10）将放油扳手套在制动分泵放油螺栓上。

（11）将放油口连接器插入制动液抽吸机软管。

（12）将吸液管路连接到制动分泵放油口上，如图 5-6 所示。

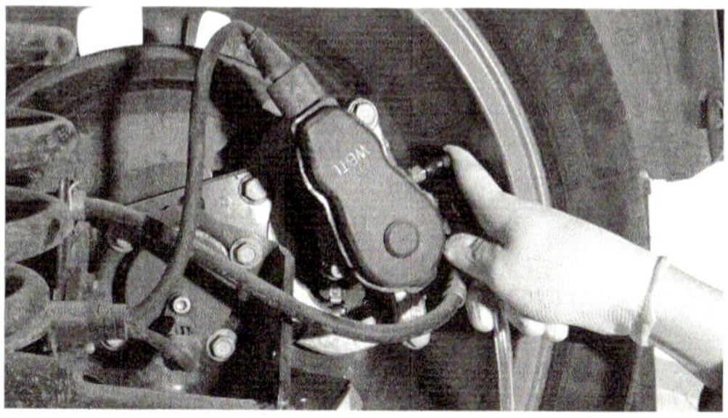

图 5-6　连接到制动分泵放油口

（13）拧松放油口螺栓，如图 5-7 所示。

图 5-7　拧松放油口螺栓

（14）按下制动液抽吸机开关，将旧制动液吸出（如图 5-8 所示），此时吸液管路呈黄色或浑浊的颜色，当看到有接近透明的新制动液流出时即可停止。

图 5-8　吸出旧制动液

（15）拧紧放油口螺栓至规定扭矩。

（16）将连接器与制动分泵放油口分离，取下放油扳手。

（17）关闭制动液抽吸机开关。

（18）安装右后制动分泵放油口防尘罩。

（19）用同样的方法更换其余三个车轮制动管路中的制动液。

（20）降下车辆；踩下制动踏板数次，应感觉制动踏板沉重，如果感觉不沉重则说明制动系统有空气，需要重复上述过程排气；举升车辆；检查各轮制动分泵放油口有无漏油，如果有漏油则视情况处理；降下车辆；取下制动液加注罐；安装储液罐滤网、储液罐加注口盖；取下翼子板布及前格栅布，关闭机舱盖；取下三件套。

注意：如果没有制动液加注罐，更换完右后轮制动液后需降下车辆补充制动液，然后按左后、右前、左前的顺序更换制动液，而且每更换一个车轮都要降下车辆补充制动液。

五、填写工单

行车制动系统维护任务工单见表 5-3。

表 5-3　行车制动系统维护任务工单

<table>
<tr><td rowspan="2">行车制动系统维护</td><td rowspan="2" colspan="2">工作任务单</td><td>班级：</td></tr>
<tr><td>姓名：</td></tr>
<tr><td colspan="4">1. 学习任务
吉利新能源汽车 4S 店来了一辆 EV450 汽车，其车主购车后已使用两年。根据保养手册要求，需要更换制动液。你知道更换制动液的方法吗？在更换过程中需要注意哪些内容？</td></tr>
<tr><td>任务</td><td colspan="2">自测标准</td><td>学习建议</td></tr>
<tr><td rowspan="4">资料准备</td><td>防护装备</td><td>车内外三件套</td><td rowspan="4">工欲善其事，必先利其器。完成学习任务的第一步是熟悉并掌握新能源汽车维护相关的工具设备，做好准备工作</td></tr>
<tr><td>实训车辆</td><td>实训车辆等</td></tr>
<tr><td>工具设备</td><td>防护工具、绝缘工具等</td></tr>
<tr><td>辅助资料</td><td>汽车维修手册、教材</td></tr>
<tr><td rowspan="5">实施步骤</td><td>制动衬块检查</td><td>定期检查制动衬块，进行测量，如果超过规格，则更换制动衬块</td><td rowspan="5">如果没有制动液加注罐，更换完右后轮制动液后需降下车辆补充制动液，然后按左后、右前、左前的顺序更换制动液，而且每更换一个车轮都要降下车辆补充制动液</td></tr>
<tr><td>制动钳的检查</td><td>检查制动钳壳体是否开裂、严重磨损或损坏，检查制动钳活塞防尘罩密封圈是否开裂、破裂</td></tr>
<tr><td>制动衬块导向片的检查</td><td>检查制动衬块导向片是否存在缺失、严重腐蚀、安装凸舌弯曲状况</td></tr>
<tr><td>制动盘厚度测量</td><td>用工业酒精或类似的制动器清洗剂清洗制动盘摩擦面</td></tr>
<tr><td>制动液的加注和更换</td><td>打开车门，安装三件套，打开机舱盖，安装翼子板布及前格栅布</td></tr>
<tr><td colspan="4">2. 学习笔记</td></tr>
<tr><td colspan="4">（1）汽车制动系统的分类和作用。</td></tr>
<tr><td colspan="4">（2）吉利 EV450 制动系统的组成。</td></tr>
<tr><td colspan="4">（3）吉利 EV450 制动系统维护的内容。</td></tr>
</table>

六、任务评价

学生对各自完成的任务和小组代表展示的情况进行自评（见表 5-4）、互评（见表 5-5），教师按考核及评价表（见表 5-6）对学生训练过程、训练结果（含任务工单）进行评估。

（一）自我评价

（1）训练任务的关键技能及基本技能有没有掌握？

评价情况：______________________________

（2）训练任务的目标有没有实现？效果如何？

评价情况：______________________________

（3）100 分的任务，您给自己打多少分？______________

表 5-4　行车制动系统维护质量评价表

项目	检查点	评价标准	配分	检测记录	得分
作业前准备	场地安全、安全防护准备	遗漏不得分	15		
	断蓄电池负极，静置 5 分钟	操作不准确不得分	15		
保养作业	制动衬块检查	操作不准确不得分	10		
	制动钳的检查	操作不准确不得分	10		
	制动衬块导向片的检查	操作不准确不得分	10		
	制动盘厚度测量	操作不准确不得分	10		
	制动液的加注和更换	操作不准确不得分	20		
安全操作		违反安全规章 1 项扣 2 分（扣完为止），严重违章不得分	10		

（二）小组评价

（1）训练任务的关键技能及基本技能有没有掌握？

评价情况：______________________________

（2）训练任务的目标有没有实现？效果如何？

评价情况：______________________________

参评人员：______________________________

（3）100 分的任务，您给他（她）打多少分？______________

表 5-5　行车制动系统维护学习效能评价表

<table>
<tr><th>序号</th><th>项目</th><th>内容</th><th>程度</th><th>不能的原因</th></tr>
<tr><td>1</td><td rowspan="5">知识学习</td><td>行车制动系统的分类</td><td>□ 能　□ 不能</td><td></td></tr>
<tr><td>2</td><td>行车制动系统结构组成</td><td>□ 能　□ 不能</td><td></td></tr>
<tr><td>3</td><td>行车制动系统检查内容</td><td>□ 能　□ 不能</td><td></td></tr>
<tr><td>4</td><td>行车制动系统维护流程</td><td>□ 能　□ 不能</td><td></td></tr>
<tr><td>5</td><td>行车制动系统维护的安全规范</td><td>□ 能　□ 不能</td><td></td></tr>
<tr><td>6</td><td rowspan="3">技能学习</td><td>行车制动系统维护的工具设备的选择</td><td>□ 能　□ 不能</td><td></td></tr>
<tr><td>7</td><td>行车制动系统维护的检查操作</td><td>□ 能　□ 不能</td><td></td></tr>
<tr><td>8</td><td>行车制动系统维护的拆装操作</td><td>□ 能　□ 不能</td><td></td></tr>
<tr><td colspan="5">经验积累与问题解决</td></tr>
<tr><td colspan="3">经验积累</td><td colspan="2">问题解决</td></tr>
<tr><td colspan="3"></td><td colspan="2"></td></tr>
<tr><td colspan="3"></td><td colspan="2"></td></tr>
<tr><td rowspan="2">签审</td><td colspan="3">1. 学生评价委员会意见：
年　月　日</td><td>评价等级认定</td></tr>
<tr><td colspan="3">2. 指导教师意见：
年　月　日</td><td></td></tr>
</table>

（三）教师评价

教师按考核及评价表对学生训练过程、训练结果（含任务工单）进行评估。

评价情况：____

教师签名：____________　　日期：______年______月______日

表 5-6　考核及评价表

姓名：____________　身份证号：______________　学号：______________

专业：____________　班级：________________　日期：______________

序号	检查项目	自我评价	小组评价	教师评价	备注
1	遵守安全操作规范（10 分）				
2	态度端正，工作认真，按步骤操作（10 分）				
3	制动钳、制动衬块的检查（10 分）				
4	制动盘厚度测量作业（10 分）				
5	制动液的加注和更换作业（20 分）				

续表

序号	检查项目	自我评价	小组评价	教师评价	备注
6	遵守纪律（10 分）				
7	做好 7S 管理工作（10 分）				
8	完成本工作任务单的全部内容（20 分）				
合计					
总分					

（四）综合评价

行车制动系统维护任务综合能力评价表见表 5-7。

表 5-7　行车制动系统维护任务综合能力评价表

学习任务名称			学习时间			
班级			学习团队			
评价指标		评价情况	否定结果原因	自评	互评	师评
1	学习态度	□优秀　□良好　□一般　□差				
2	知识学习	□优　□良　□中　□差				
3	技能学习	□优　□良　□中　□差				
4	完成时间	□提前　□准时　□延后　□未完成				
5	保养质量	□合格　□不良　□返修　□报废				
6	成果展示	□清晰流畅　□需要补充　□不清晰流畅				
7	操作方法	□正确　□部分正确　□不正确				
8	安全规范	□很好　□好　□较好　□不好				
9	7S 管理	□很好　□好　□较好　□不好				
10	分工协作	□很好　□好　□较好　□不好				
11	沟通交流	□很好　□好　□较好　□不好				
12	问题解决	□及时　□较及时　□不及时				
13	创新精神	□优秀　□良好　□一般　□不足				
14	规划掌控	□很好　□好　□较好　□不好				
学习任务完成自评总结			亮点			
			缺点			
团队评价	团队自评	□优　□良　□中　□差	团队互评	□优　□良　□中　□差		

续表

学生个人评价	姓名	项目															
		1	2	3	4	5	6	7	8	9	10	11	12	13	14	15	16
审定意见	学习组长					指导教师						教研组长					
	年　月　日					年　月　日						年　月　日					

七、拓展学习

（一）学习感想交流

制动能量回收也称为再生制动，是指在车辆的制动过程中，使控制电机工作在发电状态，将汽车行驶的机械能转化为电能，并且存储进蓄电池等储能系统中，实现一部分制动能量的回收；电机发电的同时会产生制动力矩，通过传动系传给车轮，从而使汽车减速。能量回收系统也是电动车区别于燃油车的一大特点。传统燃油车制动时，摩擦产生的能量转化为热能而散失；而电动车驱动停止时，汽车车轮带动电机转化为“发电机”向蓄电池充电，以此来实现能量回收，大大增加续航能力，有效延长车辆的续航里程，提高能量的利用效率。由于电机承担了一部分需求的制动转矩，由制动器承担的摩擦制动力矩可以相应减少，因而电机再生制动技术还可以减轻摩擦制动器的热负荷，减少制动盘的磨损，提高车辆的制动安全性和使用经济性，尤其是行驶在城市道路上的车辆，需要更加频繁地停车、减速、怠速等。

将你的感想分享给老师和同学吧！

（二）课后作业

（1）进行下一任务驻车制动系统维护学习信息收集与筛选以及资源的准备。

（2）进行下一任务驻车制动系统维护学习设备与工具的准备。

任务二　驻车制动系统维护

【案例引入】

车主李先生的吉利 EV450 电动汽车行驶里程到达 20 000 公里时进店保养。维修人员检查时发现仪表驻车指示灯不亮。作为维修技师，你能够完成对驻车制动系统的维护作业吗?

【任务目标】

技能目标

1. 正确使用驻车制动系统拆装的工具设备
2. 对新能源汽车正确进行高压下电操作
3. 完成驻车制动系统检查作业
4. 完成对 EPB 开关和控制器拆装作业

素养目标

1. 在工作过程中与小组其他成员合作、交流，形成团队合作意识，锻炼沟通能力
2. 养成 7S 的工作习惯
3. 养成服从管理、规范作业的良好工作习惯
4. 提高与时俱进、不断学习的意识
5. 培养爱国情怀，提升民族自豪感

【任务实施】

一、知识准备

（一）吉利 EV450 的驻车制动系统结构

由驻车制动控制电机直接控制后轮制动卡钳来实现驻车制动的 EPB 系统，其主要部件包括驻车制动开关、驻车制动控制单元和驻车制动执行电机等三部分，如图 5-9 所示。

驻车制动开关位于换挡杆左侧控制面板上，向上拉动驻车制动开关时驻车制动锁止，向下按下驻车制动开关时驻车制动释放。EPB 系统设计有独立的控制单元，该控制单元安装在副驾驶座椅的车身底板上面，主要功能就是接收 EPB 开关的信息和 CAN

数据总线上的信息，通过对这些信息的处理和分析，对驻车制动控制电机进行控制。

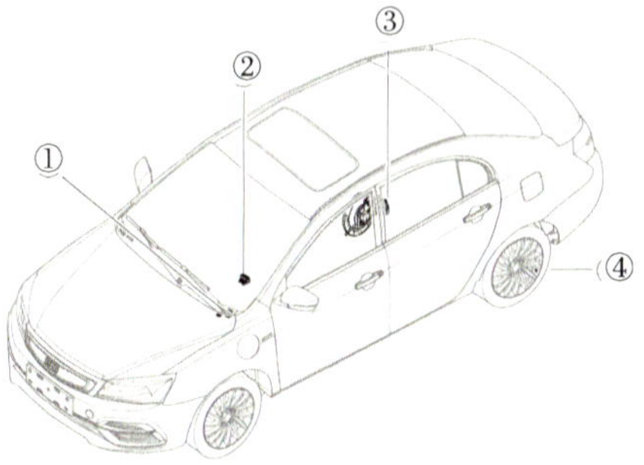

①EPB控制器　②EPB开关　③右后驻车制动电机　④左后驻车制动电机

图 5-9　驻车制动系统元件组成

（二）吉利 EV450 的驻车制动系统工作原理

吉利 EV450 的驻车制动系统工作原理，如图 5-10 所示。

1. 静态驻车及解除

车辆在停止时，拉起 EPB 开关（无论启动开关处于 ON、OFF 还是行车制动的状态），EPB 系统工作制动锁止车辆。释放驻车制动时，启动开关处于 ON 位置（电机工作或不工作均可），踩下行车制动踏板，按下 EPB 开关，EPB 系统停止制动锁止。当然，如果车辆的前机舱盖和后备箱盖以及 4 个车门都处于 OFF 状态，换挡杆从 P 挡移到 R 挡或 D 挡时，EPB 系统也会自动释放。

2. 动态应急制动

车辆在行驶过程中，驾驶员拉起 EPB 开关，EPB 控制单元收到开关信号后通过数据总线要求 ESC 系统控制行车制动，如果行车制动系统或 ESC 系统故障，由 EPB 控制单元直接控制驻车制动系统工作（仅限于后轮）来应对这种紧急情况。EPB 的动态制动控制是持续进行的，直到松开 EPB 开关为止。在动态制动工作期间，驻车制动警告灯将会一直闪烁。

3. 坡道驻车及辅助

坡道驻车时，EPB 系统会根据集成在液压电子控制模块中的纵向加速度传感器来测算坡度，从而计算出车辆在斜坡上由于重力而产生的下滑力，然后对后轮施加制动力平衡下滑力，实现坡道驻车。当车辆坡道起步时，EPB 坡道辅助功能会根据坡道角度、驱动电机转矩、加速踏板位置、挡位等信息来计算释放时机，当车辆的牵引力大于下滑力的时候，自动释放驻车制动，辅助坡道起步。

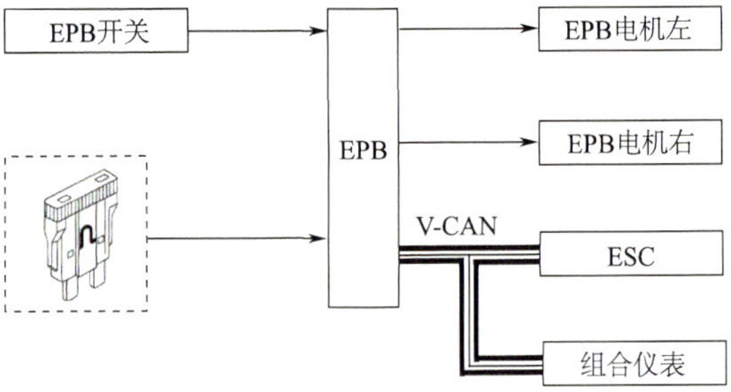

图 5-10　电子驻车制动系统（EPB）电气原理图

二、维护作业前准备

（1）在进行维护作业前，判断周围环境是否干燥、有无灭火器材等。

（2）维护作业前，做好安全防护准备工作（例如绝缘手套、护目镜、绝缘鞋等的检查与穿戴）。

（3）在进行吉利 EV450 的驻车制动系统维护作业操作时，做好车辆高压电下电的检查工作。

（4）使用绝缘电阻测试仪、万用表等，必须提前校正仪器的准确性。

（5）使用拆装工具时，需要提前准备好绝缘工具。

（6）对检测所获得的数据，必须认真记录、准确计算、仔细分析，保证检测的准确性、快捷性。

三、工具准备

驻车制动系统维护工具准备清单见表 5-8。

表 5-8　驻车制动系统维护工具准备清单

类型	名称	规格	图示
防护工具	绝缘手套	绝缘	
	护目镜	绝缘	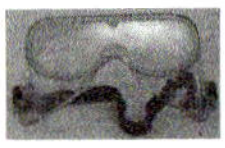
	安全帽	绝缘	

续表

类型	名称	规格	图示
作业工具	诊断仪	X431	
	万用表	优利德	
	绝缘工具	世达	
	兆欧表	FLUKE	

四、实践操作

（一）EPB 开关的更换

1. EPB 开关的拆卸

（1）打开机舱盖。

（2）断开蓄电池负极电缆。

（3）拆卸 EPB 开关：

①使用专用工具撬开换挡机构装饰面板总成，如图 5-11 所示。

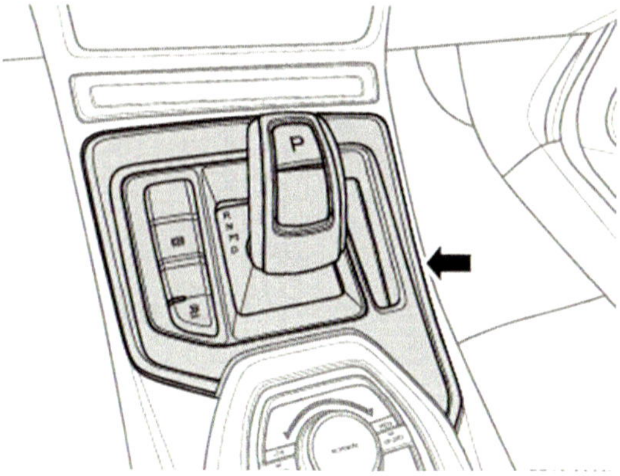

图 5-11　拆卸换挡机构装饰面板总成

②向上抬起换挡机构装饰面板总成，断开线束连接器，取出换挡机构装饰面板带开关总成，如图 5-12 所示。

③拆卸 EPB 开关 2 个固定螺钉，取下 EPB 开关。

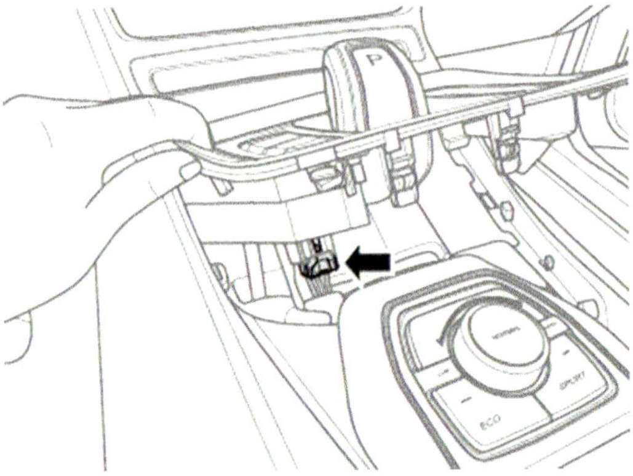

图 5-12　拆卸换挡机构线束插接器

2. EPB 开关的安装

(1) 连接副仪表开关总成线束连接器，安装换挡机构装饰面板总成，如图 5-13 所示。

(2) 安装 EPB 开关，紧固 2 个固定螺钉。

力矩：3N·m（公制）/2.2lb-ft（英制）。

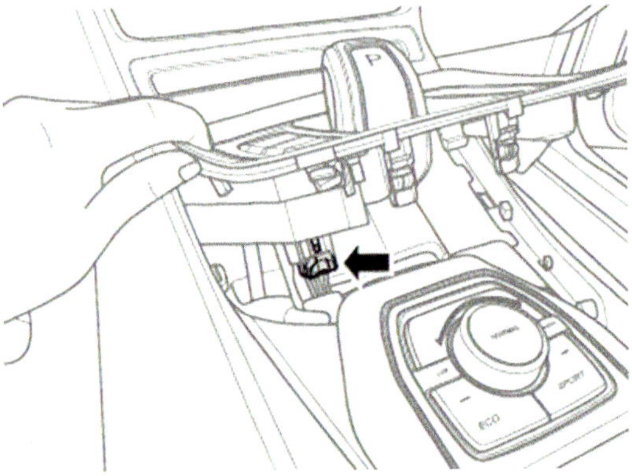

图 5-13　连接换挡机构装线束插接器

(3) 安装换挡机构装饰面板总成，如图 5-14 所示。

最后，连接蓄电池负极电缆、关闭机舱盖，完成 EPB 开关的更换作业。

(二) EPB 控制器的更换

1. EPB 控制器的拆卸

(1) 打开后机舱盖。

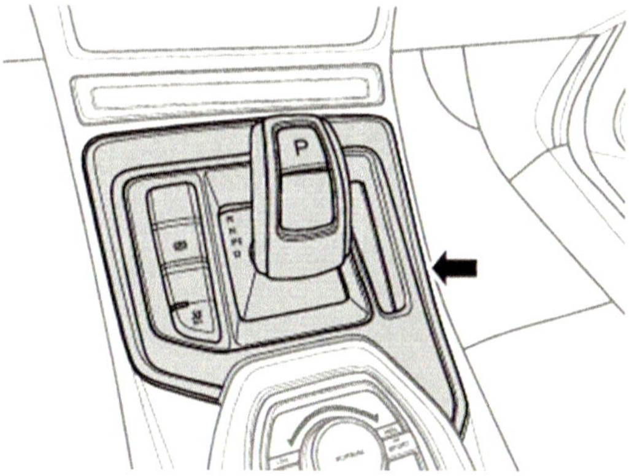

图 5-14　安装换挡机构装饰面板总成

(2) 断开蓄电池负极电缆。

(3) 拆卸副仪表板。

(4) 拆卸 EPB 控制器：

①断开 EPB 控制器线束连接器（图 5-15 中①所示）。

②拆卸 EPB 控制器 2 个固定螺母（图 5-15 中④②所示），取下 EPB 控制器。

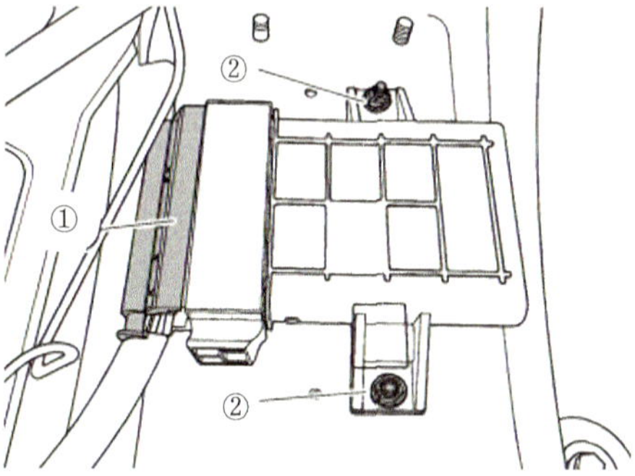

图 5-15　拆卸 EPB 控制器固定螺栓

2. EPB 控制器的安装

(1) 安装 EPB 控制器：

①放置 EPB 控制器，紧固 2 个固定螺母（图 5-16 中②所示）。

力矩：9N·m（公制）/6.6lb-ft（英制）。

②连接 EPB 控制器线束连接器（图 5-16 中①所示）。

(2) 安装副仪表板总成。

(3) 连接蓄电池负极电缆。

(4) 关闭前机舱盖。

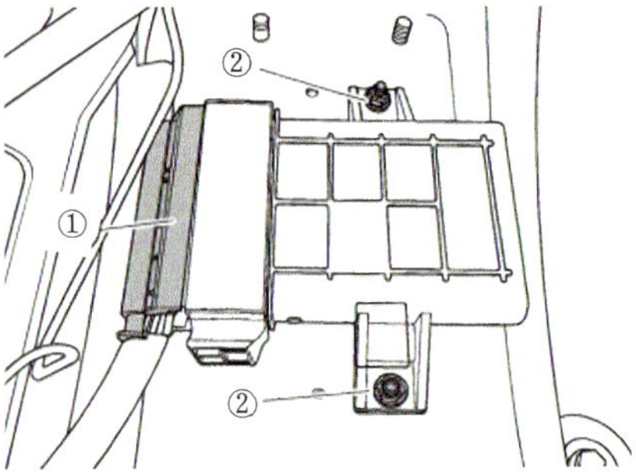

图 5-16　安装 EPB 控制器固定螺栓

五、填写工单

驻车制动系统维护任务工单见表 5-9。

表 5-9　驻车制动系统维护任务工单

<table>
<tr><td colspan="2" rowspan="2">驻车制动系统维护</td><td rowspan="2">工作任务单</td><td>班级：</td></tr>
<tr><td>姓名：</td></tr>
<tr><td colspan="4">1. 学习任务
车车主李先生的吉利 EV450 电动汽车行驶里程到达 20 000 公里时进店保养。维修人员检查时发现仪表驻车指示灯不亮。作为维修技师，你能够完成对驻车制动系统的维护作业吗?</td></tr>
<tr><td>任务</td><td colspan="2">自测标准</td><td>学习建议</td></tr>
<tr><td rowspan="4">资料准备</td><td>防护装备</td><td>车内外三件套</td><td rowspan="4">工欲善其事，必先利其器。完成学习任务的第一步是熟悉并掌握新能源汽车维护相关的工具设备，做好准备工作</td></tr>
<tr><td>实训车辆</td><td>实训车辆等</td></tr>
<tr><td>工具设备</td><td>防护工具、绝缘工具等</td></tr>
<tr><td>辅助资料</td><td>汽车维修手册、教材</td></tr>
<tr><td rowspan="4">实施步骤</td><td>拆卸 EPB 开关</td><td>(1) 打开机舱盖。
(2) 断开蓄电池负极电缆。
(3) 拆卸 EPB 开关</td><td rowspan="4">a. 用手指轻轻拨动可能有故障的传感器零件，并检查是否出现故障。
b. 在垂直和水平方向轻轻摇动连接器。
c. 在垂直和水平方向轻轻摇动线束</td></tr>
<tr><td>安装 EPB 开关</td><td>(1) 连接副仪表开关总成线束连接器。
(2) 安装 EPB 开关，紧固 2 个固定螺钉</td></tr>
<tr><td>拆卸 EPB 控制器</td><td>(1) 打开后机舱盖。
(2) 断开蓄电池负极电缆。
(3) 拆卸副仪表板。
(4) 拆卸 EPB 控制器</td></tr>
<tr><td>安装 EPB 控制器</td><td>(1) 安装副仪表板总成。
(2) 连接蓄电池负极电缆。
(3) 关闭前机舱盖</td></tr>
</table>

续表

2. 学习笔记
（1）吉利 EV450 驻车制动系统结构组成。
（2）吉利 EV450 驻车制动系统工作原理。
（3）吉利 EV450 驻车制动开关和控制器拆装的注意事项。

六、任务评价

学生对各自完成的任务和小组代表展示的情况进行自评（见表 5-10）、互评（见表 5-11），教师按考核及评价表（见表 5-12）对学生训练过程、训练结果（含任务工单）进行评估。

（一）自我评价

（1）训练任务的关键技能及基本技能有没有掌握？

评价情况：________________

（2）训练任务的目标有没有实现？效果如何？

评价情况：________________

（3）100 分的任务，您给自己打多少分？________________

表 5-10　驻车制动系统维护质量评价表

项目	检查点	评价标准	配分	检测记录	得分
作业前准备	场地安全、安全防护准备	遗漏不得分	10		
	断蓄电池负极，静置 5 分钟	操作不准确不得分	10		
保养作业	拆卸 EPB 开关	操作不准确不得分	15		
	安装 EPB 开关	操作不准确不得分	15		
	拆卸 EPB 控制器	操作不准确不得分	20		
	安装 EPB 控制器	操作不准确不得分	20		
安全操作		违反安全规章 1 项扣 2 分（扣完为止），严重违章不得分	10		

（二）小组评价

（1）训练任务的关键技能及基本技能有没有掌握？

评价情况：____

（2）训练任务的目标有没有实现？效果如何？

评价情况：____

参评人员：____

（3）100 分的任务，您给他（她）打多少分？____________________

表 5-11　驻车制动系统维护学习效能评价表

<table>
<tr><th>序号</th><th>项目</th><th>内容</th><th colspan="2">程度</th><th>不能的原因</th></tr>
<tr><td>1</td><td rowspan="5">知识学习</td><td>驻车制动系统的组成</td><td>□ 能</td><td>□ 不能</td><td></td></tr>
<tr><td>2</td><td>驻车制动系统的原理</td><td>□ 能</td><td>□ 不能</td><td></td></tr>
<tr><td>3</td><td>驻车制动开关的拆卸与安装</td><td>□ 能</td><td>□ 不能</td><td></td></tr>
<tr><td>4</td><td>驻车制动控制器的拆卸与安装</td><td>□ 能</td><td>□ 不能</td><td></td></tr>
<tr><td>5</td><td>驻车制动系统维护的安全规范</td><td>□ 能</td><td>□ 不能</td><td></td></tr>
<tr><td>6</td><td rowspan="3">技能学习</td><td>驻车制动系统维护的工具设备的选择</td><td>□ 能</td><td>□ 不能</td><td></td></tr>
<tr><td>7</td><td>驻车制动开关的拆装操作</td><td>□ 能</td><td>□ 不能</td><td></td></tr>
<tr><td>8</td><td>驻车制动控制器的拆装操作</td><td>□ 能</td><td>□ 不能</td><td></td></tr>
<tr><td colspan="6">经验积累与问题解决</td></tr>
<tr><td colspan="3">经验积累</td><td colspan="3">问题解决</td></tr>
<tr><td colspan="3"></td><td colspan="3"></td></tr>
<tr><td colspan="3"></td><td colspan="3"></td></tr>
<tr><td rowspan="2">签审</td><td colspan="4">1. 学生评价委员会意见：
年　月　日</td><td>评价等级认定</td></tr>
<tr><td colspan="4">2. 指导教师意见：
年　月　日</td><td></td></tr>
</table>

（三）教师评价

教师按考核及评价表对学生训练过程、训练结果（含任务工单）进行评估。

评价情况：____

教师签名：____________　　日期：______年______月______日

表 5-12　考核及评价表

姓名：＿＿＿＿＿＿　身份证号：＿＿＿＿＿＿＿　学号：＿＿＿＿＿＿＿

专业：＿＿＿＿＿＿　班级：＿＿＿＿＿＿＿　日期：＿＿＿＿＿＿＿

序号	检查项目	自我评价	小组评价	教师评价	备注
1	遵守安全操作规范（10 分）				
2	态度端正，工作认真，按步骤操作（10 分）				
3	电子驻车制动系统工作原理（10 分）				
4	电子驻车制动开关的拆装作业（10 分）				
5	电子驻车制动控制器的拆装作业（20 分）				
6	遵守纪律（10 分）				
7	做好 7S 管理工作（10 分）				
8	完成本工作任务单的全部内容（20 分）				
合计					
总分					

（四）综合评价

驻车制动系统维护任务综合能力评价表见表 5-13。

表 5-13　驻车制动系统维护任务综合能力评价表

学习任务名称			学习时间			
班级			学习团队			
评价指标		评价情况	否定结果原因	自评	互评	师评
1	学习态度	□优秀　□良好　□一般　□差				
2	知识学习	□优　□良　□中 □差				
3	技能学习	□优　□良　□中 □差				
4	完成时间	□提前　□准时　□延后　□未完成				
5	保养质量	□合格　□不良　□返修　□报废				
6	成果展示	□清晰流畅　□需要补充　□不清晰流畅				
7	操作方法	□正确　□部分正确　□不正确				
8	安全规范	□很好　□好　□较好　□不好				
9	7S 管理	□很好　□好　□较好　□不好				
10	分工协作	□很好　□好　□较好　□不好				
11	沟通交流	□很好　□好　□较好　□不好				
12	问题解决	□及时　□较及时　□不及时				

续表

<table>
<tr><td colspan="2">评价指标</td><td colspan="8">评价情况</td><td colspan="5">否定结果原因</td><td>自评</td><td>互评</td><td>师评</td></tr>
<tr><td>13</td><td>创新精神</td><td colspan="8">□优秀 □良好 □一般 □不足</td><td colspan="5"></td><td></td><td></td><td></td></tr>
<tr><td>14</td><td>规划掌控</td><td colspan="8">□很好 □好 □较好 □不好</td><td colspan="5"></td><td></td><td></td><td></td></tr>
<tr><td colspan="2" rowspan="2">学习任务完成自评总结</td><td colspan="10" rowspan="2"></td><td colspan="2">亮点</td><td colspan="4"></td></tr>
<tr><td colspan="2">缺点</td><td colspan="4"></td></tr>
<tr><td colspan="2">团队评价</td><td>团队自评</td><td colspan="6">□优 □良 □中 □差</td><td colspan="2">团队互评</td><td colspan="7">□优 □良 □中 □差</td></tr>
<tr><td rowspan="7">学生个人评价</td><td rowspan="2">姓名</td><td colspan="16">项目</td></tr>
<tr><td>1</td><td>2</td><td>3</td><td>4</td><td>5</td><td>6</td><td>7</td><td>8</td><td>9</td><td>10</td><td>11</td><td>12</td><td>13</td><td>14</td><td>15</td><td>16</td></tr>
<tr><td></td><td></td><td></td><td></td><td></td><td></td><td></td><td></td><td></td><td></td><td></td><td></td><td></td><td></td><td></td><td></td><td></td></tr>
<tr><td></td><td></td><td></td><td></td><td></td><td></td><td></td><td></td><td></td><td></td><td></td><td></td><td></td><td></td><td></td><td></td><td></td></tr>
<tr><td></td><td></td><td></td><td></td><td></td><td></td><td></td><td></td><td></td><td></td><td></td><td></td><td></td><td></td><td></td><td></td><td></td></tr>
<tr><td></td><td></td><td></td><td></td><td></td><td></td><td></td><td></td><td></td><td></td><td></td><td></td><td></td><td></td><td></td><td></td><td></td></tr>
<tr><td></td><td></td><td></td><td></td><td></td><td></td><td></td><td></td><td></td><td></td><td></td><td></td><td></td><td></td><td></td><td></td><td></td></tr>
<tr><td rowspan="2">审定意见</td><td colspan="5">学习组长</td><td colspan="6">指导教师</td><td colspan="6">教研组长</td></tr>
<tr><td colspan="5">年 月 日</td><td colspan="6">年 月 日</td><td colspan="6">年 月 日</td></tr>
</table>

七、拓展学习

（一）学习感想交流

对比亚迪而言，自研的 DM-i 插电混动技术颠覆了市场上以内燃机为主的混动系统，独家的磷酸铁锂刀片电池更是动摇了三元锂电池的行业主导地位。

如今，比亚迪的又一项“黑科技”打破了德国企业在全行业超 20 年的垄断格局。这便是比亚迪对标德国博世 ESP 汽车稳定系统的 iTAC 系统。

iTAC 的出现，对于比亚迪乃至整个中国汽车产业都意义非凡。长久以来，ESP 系统一直被海外供应链巨头垄断，而比亚迪的 iTAC 让中国电动车拥有了自主研发的底层架构技术。

可以说，比亚迪在汽车稳定系统领域的突破，有利于打破外资企业对中国汽车产业核心零部件的技术优势。

将你的感想分享给老师和同学吧！

（二）课后作业

（1）进行下一任务空调制冷系统的维护学习信息收集与筛选以及资源的准备。

（2）进行下一任务空调制冷系统的维护学习设备与工具的准备。

项目六　空调系统维护

新能源汽车性能空调系统的维护至关重要，不仅关乎车内乘客的舒适体验，也直接影响车辆的效能。定期检查和保养空调系统可以确保其正常运行，提高制冷和制暖效果，有效降低能耗，延长系统寿命，保障车辆在各种气候条件下的驾乘舒适性和能源利用效率。

任务一　空调制冷系统维护

【案例引入】

吉利新能源汽车4S店来了一辆EV450汽车。该车已使用两年，行驶40 000公里。车主使用空调时发现异味，到店咨询后得知，需要更换空调滤芯。你知道如何更换空调滤芯吗？在作业过程中有哪些注意事项呢？

【任务目标】

技能目标

1. 正确使用空调制冷系统
2. 快速找到空调制冷系统各部件的位置
3. 正确完成更换空调滤芯的流程
4. 正确检查空调制冷效能

素养目标

1. 在工作过程中与小组其他成员合作、交流，形成团队合作意识，锻炼沟通能力
2. 养成7S的工作习惯
3. 养成服从管理、规范作业的良好工作习惯
4. 提高与时俱进、不断学习的意识
5. 培养爱国情怀，提升民族自豪感

【任务实施】

一、知识准备

（一）吉利EV450空调系统元件布置

吉利EV450空调系统主要由冷凝器、空调压缩机、正温度系数（PTC）加热器、热交换器总成、空调箱总成、空调控制面板、PTC电动水泵、空调压力开关等元件组成，其元件布置，如图6-1所示。

（二）吉利EV450空调制冷系统

压缩机类型为电动涡旋式，压缩机控制器与压缩机集成一体，通过电机自身的旋转带动涡旋盘压缩，完成制冷剂的吸入和排出，为制冷循环提供动力。压缩机性能曲

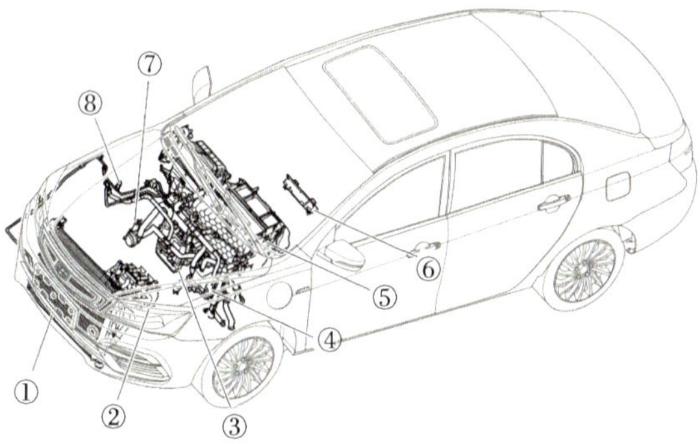

①冷凝器　②空调压缩机　③PTC 加热器　④热交换器总成
⑤空调箱总成　⑥空调控制面板　⑦PTC电动水泵
⑧空调压力开关

图 6-1　吉利 EV450 空调系统元件布置

线（测试工况：高压为 1.57 MPa，低压为 0.296 MPa，过热度为 10℃，过冷度为 5℃），如图 6-2 所示。

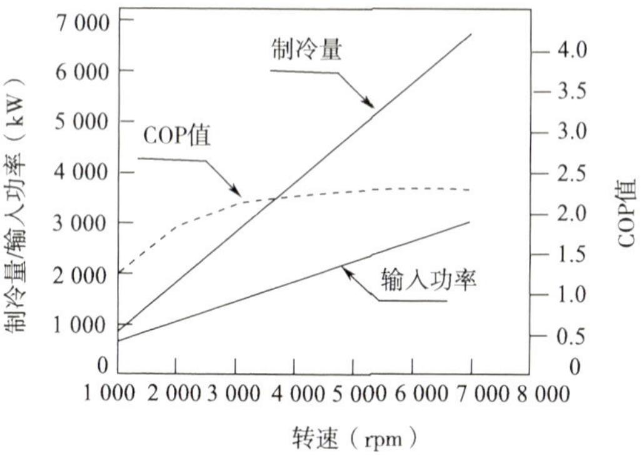

图 6-2　压缩机性能曲线

吉利 EV450 空调制冷系统主要由电动压缩机、冷凝器、储液干燥罐、蒸发器及膨胀阀等组成，其工作过程如图 6-3 所示。

压缩机受高压电驱动，当压缩机工作时，压缩机吸入从蒸发器出来的低温低压的气态制冷剂，经压缩，制冷剂的温度和压力升高，并被送入冷凝器。在冷凝器内，高温高压的气态制冷剂把热量传递给经过冷凝器的车外空气而液化，变成液体。液态制冷剂流经膨胀阀时，温度和压力降低，并进入蒸发器。在蒸发器内，低温低压的液态制冷剂吸收经过蒸发器的车内空气的热量而蒸发，变成气体。气体又被压缩机吸入进行下一轮循环。这样，制冷剂通过在系统内的循环，不断吸收车内空气的热量并将其排到车外空气中，使车内空气的温度逐渐下降。

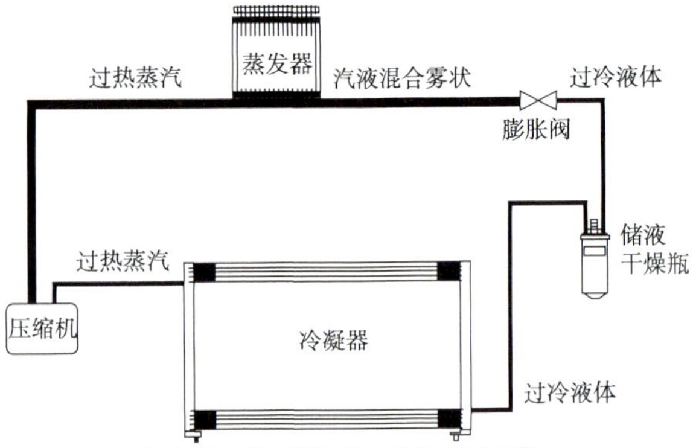

图 6-3　吉利 EV450 制冷系统工作过程

二、维护作业前准备

(1) 在进行维护作业前，判断周围环境是否干燥、有无灭火器材等。

(2) 维护作业前，做好安全防护准备工作（例如绝缘手套、护目镜、绝缘鞋等的检查与穿戴）。

(3) 在进行交流动力蓄电池维护与拆装作业操作时，做好车辆高压电下电的检查工作。

(4) 使用绝缘电阻测试仪、万用表等，必须提前校正仪器的准确性。

(5) 使用拆装工具时，需要提前准备好绝缘工具。

(6) 对检测所获得的数据，必须认真记录、准确计算、仔细分析，保证检测的准确性、快捷性。

三、工具准备

空调制冷系统的维护准备清单见表 6-1。

表 6-1　空调制冷系统的维护准备清单

类型	名称	规格	图示
防护工具	绝缘手套	绝缘	
	护目镜	绝缘	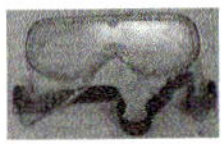
	安全帽	绝缘	

续表

类型	名称	规格	图示
作业工具	诊断仪	X431	
	万用表	优利德	
	绝缘工具	世达	
	兆欧表	FLUKE	

四、实践操作

（一）吉利 EV450 空调制冷系统检查

1. 日常维护

日常维护主要是通过看、听、摸、测等方法进行检查。

（1）检查和清洗汽车空调的冷凝器，要求散热片内清洁，片间无堵塞物。

（2）检查制冷系统制冷剂的量。在电动汽车空调机组正常工作时，用眼观察储液干燥器顶部的视液镜，若视液镜内没有气泡，仅在增加或降低负载时出现少量的气泡，则说明制冷剂适量；若不论怎样调节电动机转速，始终看到有混浊状的气泡流动，则说明管路内制冷剂不足，应予补充；若不论负载大小，始终看不到气泡，则说明制冷剂过量。

（3）用耳听和鼻闻检查汽车空调有无异常的响声和异味。

（4）用手摸压缩机附近高、低压管有无温差，正常情况下低压管路呈低温状态，高压管路呈高温状态。

（5）用手摸冷凝器进口和出口处，正常情况是前者较后者热。

（6）用手摸膨胀阀前后应有明显温差，正常情况是前热后凉。

（7）检查制冷系统软管外观是否正常、各接头处连接是否牢靠、接头处有无油污，有油污表明有微漏，应进行紧固。

（8）检查制冷系统电路连接是否牢靠，有无断路或脱接现象。

（9）电动汽车空调系统运行状态是否正常，也可通过压力计组的指示压力来进行判断。

2. 定期保养

（1）压缩机：在压缩机运转的情况下，检查其是否有异常响声，如有，说明压缩机的轴承、阀片、活塞环或其他部件可能有损伤或冷冻润滑油过少；检查压缩机的高低压端有无温差；压缩机运转中如有振动，应检查润滑油液面的高度。

（2）冷凝器、蒸发器：检查两者的清洁状况、通道是否畅通，以保证它们能通过最大的通气量。

（3）膨胀阀：检查其有无堵塞，感温包与蒸发器出口管路是否贴紧；膨胀阀能否根据温度的变化自动调节制冷剂的供给量。

（4）高、低压管：检查软管有无裂纹、鼓包、老化或破损现象，硬管是否有裂纹或渗漏现象，是否会碰到硬物或运动件，管道螺栓是否紧固。

（5）储液干燥器：检查易熔塞是否熔化，各接头处是否有油迹；正常工作时，其表面应无露珠或挂霜现象；在每年4、5月份的维护中，视需要更换干燥剂或干燥过滤器总成。

（6）高、低压开关：检查高、低压开关，高压开关在压力为2.2 MPa时，应能自动接通声光报警电路并使电磁离合器断电，当压力小于2 MPa时应能自动复位；低压开关在压力小于0.2 MPa时，应能自动接通声光报警电路并使电磁离合器断电，当压力大于0.2 MPa时应能自动复位。

（7）冷凝器和蒸发器风机：检查冷凝器和蒸发器风机工作时有无异常响声，叶片有无破损，螺栓连接是否牢固，电动汽车电动机轴承有无缺油现象。

3. 吉利EV450空调滤芯的更换

（1）打开右侧车门。

（2）拆卸仪表板副驾驶杂物箱。

（3）拆卸空调滤芯。

①拆卸空调滤芯安装壳螺栓，如图6-4所示。

图6-4　空调滤芯安装壳螺栓

②捏住图 6-5 所示位置，抽出空调滤芯。

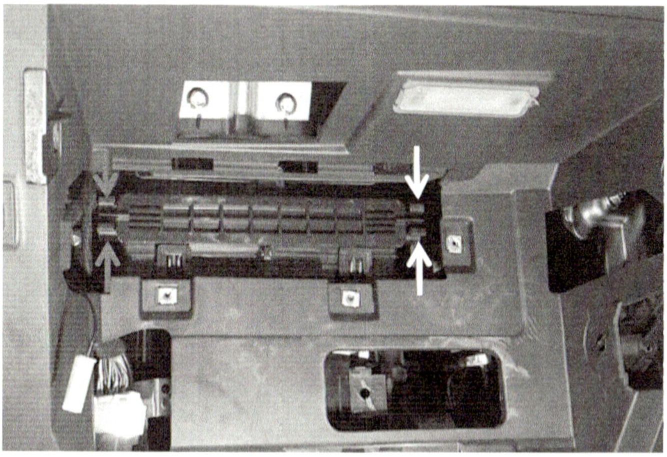

图 6-5　抽出空调滤芯位置

（4）检查空气滤芯的脏污情况，还能继续使用，进行吹尘处理，如果不能继续使用则更换。

（5）安装流程与拆卸流程完全相反。

五、填写工单

空调制冷系统的维护任务工单见表 6-2。

表 6-2　空调制冷系统的维护任务工单

<table>
<tr><td rowspan="2">动力蓄电池检查</td><td rowspan="2" colspan="2">工作任务单</td><td>班级：</td></tr>
<tr><td>姓名：</td></tr>
<tr><td colspan="4">1. 学习任务
吉利新能源汽车 4S 店来了一辆 EV450 汽车。该车已使用两年，行驶 40 000 公里。车主使用空调时发现异味，到店咨询后得知，需要更换空调滤芯。你知道如何更换空调滤芯吗？在作业过程中有哪些注意事项呢？</td></tr>
<tr><td>任务</td><td colspan="2">自测标准</td><td>学习建议</td></tr>
<tr><td rowspan="4">资料准备</td><td>防护装备</td><td>车内外三件套</td><td rowspan="4">工欲善其事，必先利其器。完成学习任务的第一步是熟悉并掌握新能源汽车维护相关的工具设备，做好准备工作</td></tr>
<tr><td>实训车辆</td><td>实训车辆等</td></tr>
<tr><td>工具设备</td><td>防护工具、绝缘工具等</td></tr>
<tr><td>辅助资料</td><td>汽车维修手册、教材</td></tr>
</table>

续表

任务	自测标准		学习建议
实施步骤	日常维护	通过看、听、摸、测等方法进行检查	检查制冷系统制冷剂的量。在电动汽车空调机组正常工作时，用眼观察储液干燥器顶部的视液镜，若视液镜内没有气泡，仅在增加或降低负载时出现少量的气泡，说明制冷剂适量；若不论怎样调节电动机转速，始终看到有混浊状的气泡流动，则说明管路内制冷剂不足，应予补充；若不论负载大小，始终看不到气泡，则说明制冷剂过量
	定期保养	对压缩机、冷凝器、蒸发器、膨胀阀、高/低压管、储液干燥器、高/低压开关、冷凝器和蒸发器风机等部件进行检查	
	更换空调滤芯	打开右侧车门，拆卸仪表板副驾驶杂物箱，拆卸空调滤芯，检查并更换	
2. 学习笔记			
（1）吉利 EV450 空调制冷系统结构和作用。			
（2）吉利 EV450 空调制冷系统检查的内容。			
（3）吉利 EV450 动力空调滤芯更换的步骤。			

六、任务评价

学生对各自完成的任务和小组代表展示的情况进行自评（见表 6-3）、互评（见表 6-4），教师按考核及评价表（见表 6-5）对学生训练过程、训练结果（含任务工单）进行评估。

（一）自我评价

（1）训练任务的关键技能及基本技能有没有掌握？

评价情况：________________________________

（2）训练任务的目标有没有实现？效果如何？

评价情况：________________________________

（3）100 分的任务，您给自己打多少分？________________________

表 6-3　空调制冷系统的维护质量评价表

项目	检查点	评价标准	配分	检测记录	得分
作业前准备	场地安全、安全防护准备	遗漏不得分	10		
	断蓄电池负极，静置 5 分钟	操作不准确不得分	10		
保养作业	日常维护操作	操作不准确不得分	10		
	定期保养操作	操作不准确不得分	10		
	拆卸空调滤芯	操作不准确不得分	15		
	检查空调滤芯	操作不准确不得分	15		
	安装空调滤芯	操作不准确不得分	20		
安全操作		违反安全规章 1 项扣 2 分（扣完为止），严重违章不得分	10		

（二）小组评价

（1）训练任务的关键技能及基本技能有没有掌握？

评价情况：______

（2）训练任务的目标有没有实现？效果如何？

评价情况：______

参评人员：______

（3）100 分的任务，您给他（她）打多少分？______

表 6-4　空调制冷系统的维护学习效能评价表

序号	项目	内容	程度	不能的原因
1	知识学习	空调制冷系统的作用	□ 能　□ 不能	
2		空调制冷系统结构组成	□ 能　□ 不能	
3		空调制冷系统检查内容	□ 能　□ 不能	
4		空调滤芯的拆装流程	□ 能　□ 不能	
5		空调滤芯拆装的安全规范	□ 能　□ 不能	
6	技能学习	空调制冷系统检查的工具设备的选择	□ 能　□ 不能	
7		空调制冷系统的检查操作	□ 能　□ 不能	
8		空调滤芯的拆装操作	□ 能　□ 不能	

经验积累与问题解决	
经验积累	问题解决

续表

序号	项目	内容	程度	不能的原因
签审	1. 学生评价委员会意见： 年 月 日			评价等级认定
	2. 指导教师意见： 年 月 日			

（三）教师评价

教师按考核及评价表对学生训练过程、训练结果（含任务工单）进行评估。

评价情况：____

教师签名：__________ 日期：______年______月______日

表 6-5 考核及评价表

姓名：__________ 身份证号：__________ 学号：__________

专业：__________ 班级：__________ 日期：__________

序号	检查项目	自我评价	小组评价	教师评价	备注
1	遵守安全操作规范（10 分）				
2	态度端正，工作认真，按步骤操作（10 分）				
3	空调制冷系统日常检查（10 分）				
4	空调制冷系统定期保养（10 分）				
5	空调滤芯更换作业（20 分）				
6	遵守纪律（10 分）				
7	做好 7S 管理工作（10 分）				
8	完成本工作任务单的全部内容（20 分）				
合计					
总分					

（四）综合评价

空调制冷系统的维护任务综合能力评价表见表 6-6。

表 6-6　空调制冷系统的维护任务综合能力评价表

学习任务名称			学习时间			
班级			学习团队			
评价指标		评价情况	否定结果原因	自评	互评	师评
1	学习态度	□优秀　□良好　□一般　□差				
2	知识学习	□优　□良　□中　□差				
3	技能学习	□优　□良　□中　□差				
4	完成时间	□提前　□准时　□延后　□未完成				
5	保养质量	□合格　□不良　□返修　□报废				
6	成果展示	□清晰流畅　□需要补充　□不清晰流畅				
7	操作方法	□正确　□部分正确　□不正确				
8	安全规范	□很好　□好　□较好　□不好				
9	7S 管理	□很好　□好　□较好　□不好				
10	分工协作	□很好　□好　□较好　□不好				
11	沟通交流	□很好　□好　□较好　□不好				
12	问题解决	□及时　□较及时　□不及时				
13	创新精神	□优秀　□良好　□一般　□不足				
14	规划掌控	□很好　□好　□较好　□不好				

学习任务完成自评总结		亮点	
		缺点	

团队评价	团队自评	□优　□良　□中　□差	团队互评	□优　□良　□中　□差

学生个人评价	姓名	项目															
		1	2	3	4	5	6	7	8	9	10	11	12	13	14	15	16

审定意见	学习组长	指导教师	教研组长
	年　月　日	年　月　日	年　月　日

七、拓展学习

（一）学习感想交流

中国汽车工业协会汽车空调分会理事长张清明在中国汽车工业协会汽车空调分会三届二次代表大会上指出，中国汽车工业协会汽车空调分会密切跟踪国外技术动态，时刻关注国内变化并采取对应措施：在我国制定第四阶段油耗法规之初，及时向主管单位提出行业建议，积极参与高效奖励法规的制定，目前该法规已定稿并准备配合第五阶段油耗法规实施。在制冷剂替代方面，中国汽车工业协会汽车空调分会技术专家委员会根据欧美和日本有关行动计划，多次组织会议，研讨符合我国国情的行业对策。电动汽车上市之初，为解决采暖用高电压 PTC 严重降低电动车冬季续航里程问题，在国际上还没有普遍使用热泵系统时，专家委员会在各种交流论坛上大力宣传热泵技术，敦促会员企业开发热泵系统，加快实现企业转型升级。我国《乘用车内空气质量评价指南》（GB/T 27630—2011）的颁布为汽车空调行业带来了新机遇，诸如 PM2. 5 传感器、空气质量传感器（AQS）、离子发生器、车内空气净化器、空调过滤器等产品将会有较大的应用市场。张清明强调，原来很少被关注的车内空气质量将会成为汽车品牌竞争的亮点，为汽车空调行业打开另一片增长空间。

将你的感想分享给老师和同学吧！

（二）课后作业

（1）进行下一任务空调制暖系统的维护学习信息收集与筛选以及资源的准备。

（2）进行下一任务空调制暖系统的维护学习设备与工具的准备。

任务二　空调制暖系统维护

【案例引入】

吉利新能源汽车 4S 店来了一辆 EV450 汽车。该车已使用两年，行驶 40 000 公里。车主使用空调时发现无法制暖，到店咨询后得知，需要更换电动水泵。你知道如何更换电动水泵吗？在作业过程中有哪些注意事项呢？

【任务目标】

技能目标

1. 正确使用空调制暖系统
2. 快速找到空调制暖系统各部件的位置
3. 正确完成更换电动水泵的流程
4. 正确检查空调制暖效能

素养目标

1. 在工作过程中与小组其他成员合作、交流，形成团队合作意识，锻炼沟通能力
2. 养成 7S 的工作习惯
3. 养成服从管理、规范作业的良好工作习惯
4. 提高与时俱进、不断学习的意识
5. 培养爱国情怀，提升民族自豪感

【任务实施】

一、知识准备

（一）吉利 EV450 空调暖风系统

加热器由电阻膜和散热元件组成，在一定电压范围内，加热的功率随电流变化而变化，电加热器可输出稳定的功率，从而为制暖系统提供稳定的热源，如图 6-6 所示。

图 6-6　加热器总成

吉利 EV450 空调暖风系统主要由鼓风机和加热器、加热器水泵、加热器芯体等组成，其工作过程如图 6-7 所示。

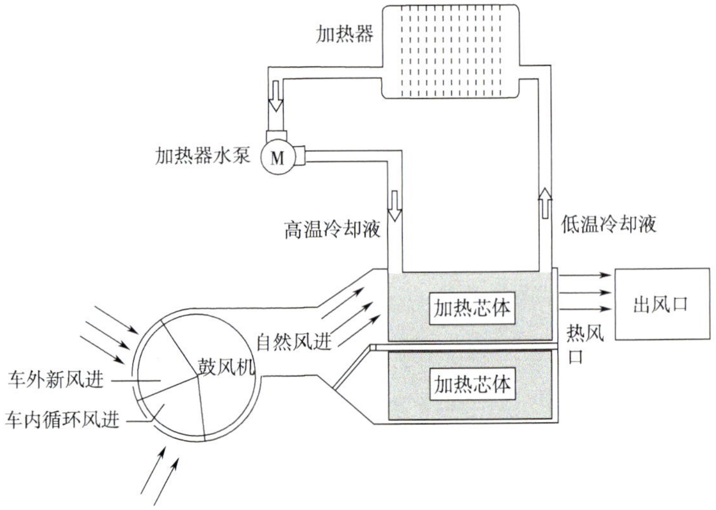

图 6-7　吉利 EV450 暖风系统工作过程

当自动空调系统处于加热模式时，加热器在高压电的作用下对冷却液进行加热，高温冷却液被加热器水泵抽入加热器芯。同时，冷暖温度控制电机旋钮转至制暖位置，气流在鼓风机的作用下流过加热器芯，产生热量传递。外部空气在进入乘客舱前与加热后的空气混合，从而吹出暖风。

（二）吉利 EV450 通风控制系统

通风控制系统上的各种位置可使模式阀门通过风道混合或引入冷风、热风和外部空气，通过操作空调面板的送风模式开关，气流由风道系统和出风口将空气输送到乘客室，如图 6-8 所示。

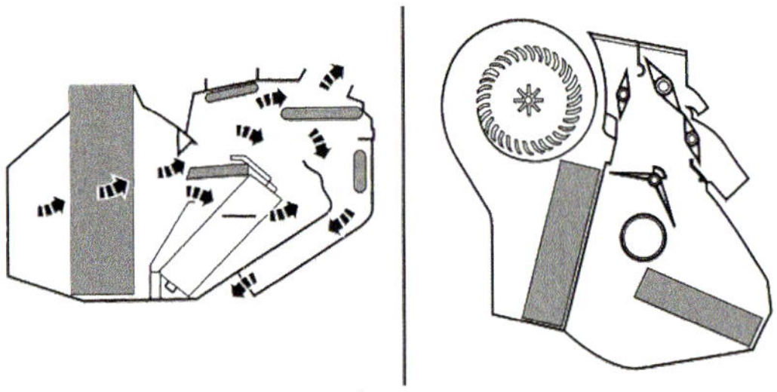

图 6-8　吉利 EV450 通风控制系统示意图

二、维护作业前准备

（1）在进行维护作业前，判断周围环境是否干燥、有无灭火器材等。

（2）维护作业前，做好安全防护准备工作（例如绝缘手套、护目镜、绝缘鞋等的检查与穿戴）。

（3）在进行充电系统维护与慢充电口拆装作业操作时，做好车辆高压电下电的检查工作。

（4）使用绝缘电阻测试仪、万用表等，必须提前校正仪器的准确性。

（5）使用拆装工具时，需要提前准备好绝缘工具。

（6）对检测所获得的数据，必须认真记录、准确计算、仔细分析，保证检测的准确性、快捷性。

三、工具准备

空调暖风系统的维护工具准备清单见表 6-7。

表 6-7　空调暖风系统的维护工具准备清单

类型	名称	规格	图示
防护工具	绝缘手套	绝缘	
	护目镜	绝缘	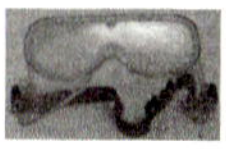
	安全帽	绝缘	
作业工具	诊断仪	X431	
	万用表	优利德	
	绝缘工具	世达	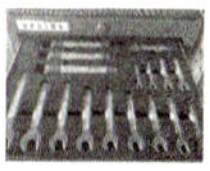
	兆欧表	FLUKE	

四、实践操作

（一）暖风效果检查

（1）打开车门并安装三件套。

（2）点火开关置于 ON 位置，如图 6-9 所示。

图 6-9　打开点火开关

（3）打开空调开关，如图 6-10 所示。

图 6-10　打开空调开关

（4）将冷暖调节旋钮旋至制暖位置。

（5）将出风口调至最大位置。

（6）检查各出风口有无暖风，如图 6-11 所示。

图 6-11　打开空调开关

（7）制暖功能打开并工作几分钟之后，检查吹出的风有无焦煳味等异味，若有，则建议客户进行维修。

（8）关闭空调。

（9）关闭点火开关并拔下钥匙。

（10）取下三件套并关闭车门。

（二）PTC电动水泵总成更换

（1）打开前机舱盖。

（2）断开蓄电池负极电缆。

（3）拆卸PTC电动水泵：

①断开PTC电动水泵线束连接插头（图6-12中①所示）。

②拆卸PTC电动水泵暖风出水管环箍，脱开PTC电动水泵暖风出水管（图6-12中②所示）。

③拆卸PTC电动水泵进水管环箍，脱开PTC电动水泵进水管（图6-12中③所示）。

注意：水管脱开前，应在车辆底部放置容器，接住防冻液，以免污染地面。

④拆卸PTC电动水泵支架两个固定螺母（图6-12中④所示），取下PTC电动水泵总成。

（4）安装流程与拆卸流程正好相反。

①线束连接插头　②暖风出水管　③水泵进水管　④固定螺母

图6-12　电动水泵总成

五、填写工单

空调暖风系统的维护任务工单见表 6-8。

表 6-8　空调暖风系统的维护任务工单

<table>
<tr><td rowspan="2">充电系统检查</td><td rowspan="2">工作任务单</td><td colspan="2">班级：</td></tr>
<tr><td colspan="2">姓名：</td></tr>
<tr><td colspan="4">1. 学习任务
吉利新能源汽车 4S 店来了一辆 EV450 汽车。该车已使用两年，行驶 40 000 公里。车主使用空调时发现无法制暖，到店咨询后得知，需要更换电动水泵。你知道如何更换电动水泵吗？在作业过程中有哪些注意事项呢？</td></tr>
<tr><td>任务</td><td colspan="2">自测标准</td><td>学习建议</td></tr>
<tr><td rowspan="4">资料准备</td><td>防护装备</td><td>车内外三件套</td><td rowspan="4">工欲善其事，必先利其器。完成好学习任务的第一步是熟悉并掌握新能源汽车维护相关的工具设备，做好准备工作</td></tr>
<tr><td>实训车辆</td><td>实训车辆等</td></tr>
<tr><td>工具设备</td><td>防护工具、绝缘工具等</td></tr>
<tr><td>辅助资料</td><td>汽车维修手册、教材</td></tr>
<tr><td rowspan="3">实施步骤</td><td>制暖效果检查</td><td>将冷暖调节旋钮旋至制暖位置，将出风口调至最大位置，检查各出风口有无暖风</td><td rowspan="3">注意：水管脱开前，应在车辆底部放置容器，接住防冻液，以免污染地面</td></tr>
<tr><td>拆卸 PTC 电动水泵总成</td><td>断开 PTC 电动水泵线束连接插头，拆卸 PTC 电动水泵暖风出水管环箍</td></tr>
<tr><td>安装 PTC 电动水泵总成</td><td>安装 PTC 电动水泵暖风出水管环箍，连接 PTC 电动水泵线束连接插头</td></tr>
<tr><td colspan="4">2. 学习笔记</td></tr>
<tr><td colspan="4">（1）吉利 EV450 空调制暖系统的结构与组成。</td></tr>
<tr><td colspan="4">（2）吉利 EV450 空调制暖系统检查的内容。</td></tr>
<tr><td colspan="4">（3）吉利 EV450 空调电子水泵拆装步骤。</td></tr>
</table>

六、任务评价

学生对各自完成的任务和小组代表展示的情况进行自评（见表 6–9）、互评（见表 6–10），教师按考核及评价表（见表 6–11）对学生训练过程、训练结果（含任务工单）进行评估。

（一）自我评价

（1）训练任务的关键技能及基本技能有没有掌握？

评价情况：________________

（2）训练任务的目标有没有实现？效果如何？

评价情况：________________

（3）100 分的任务，您给自己打多少分？________________

表 6–9　空调暖风系统的维护质量评价表

项目	检查点	评价标准	配分	检测记录	得分
作业前准备	场地安全、安全防护准备	遗漏不得分	20		
	断蓄电池负极，静置 5 分钟	操作不准确不得分	20		
保养作业	暖风效果检查	操作不准确不得分	10		
	拆卸 PTC 电动水泵总成	操作不准确不得分	20		
	安装 PTC 电动水泵总成	操作不准确不得分	20		
安全操作		违反安全规章 1 项扣 2 分（扣完为止），严重违章不得分	10		

（二）小组评价

（1）训练任务的关键技能及基本技能有没有掌握？

评价情况：________________

（2）训练任务的目标有没有实现？效果如何？

评价情况：________________

参评人员：________________

（3）100 分的任务，您给他（她）打多少分？________________

表 6-10　空调暖风系统的维护学习效能评价表

序号	项目	内容	程度	不能的原因
1	知识学习	空调暖风系统的原理	□ 能　□ 不能	
2		空调暖风系统结构组成	□ 能　□ 不能	
3		空调暖风系统检查内容	□ 能　□ 不能	
4		电子水泵的拆装流程	□ 能　□ 不能	
5		空调暖风系统检查的安全规范	□ 能　□ 不能	
6	技能学习	空调暖风系统检查的工具设备的选择	□ 能　□ 不能	
7		空调暖风系统的检查操作	□ 能　□ 不能	
8		电子水泵的拆装操作	□ 能　□ 不能	
经验积累与问题解决				
经验积累			问题解决	
签审	1. 学生评价委员会意见： 年　月　日			评价等级认定
	2. 指导教师意见： 年　月　日			

（三）教师评价

教师按考核及评价表对学生训练过程、训练结果（含任务工单）进行评估。

评价情况：____________________

教师签名：__________　　日期：______年______月______日

表 6-11　考核及评价表

姓名：__________　身份证号：__________　学号：__________

专业：__________　班级：__________　日期：__________

序号	检查项目	自我评价	小组评价	教师评价	备注
1	遵守安全操作规范（10 分）				
2	态度端正，工作认真，按步骤操作（10 分）				
3	空调暖风系统检查的内容（10 分）				
4	电子水泵拆卸作业（10 分）				
5	电子水泵安装作业（20 分）				

续表

序号	检查项目	自我评价	小组评价	教师评价	备注
6	遵守纪律（10 分）				
7	做好 7S 管理工作（10 分）				
8	完成本工作任务单的全部内容（20 分）				
合计					
总分					

（四）综合评价

空调暖风系统的维护任务综合能力评价表见表 6-12。

表 6-12 空调暖风系统的维护任务综合能力评价表

<table>
<tr><td colspan="2">学习任务名称</td><td></td><td>学习时间</td><td colspan="3"></td></tr>
<tr><td colspan="2">班级</td><td></td><td>学习团队</td><td colspan="3"></td></tr>
<tr><td colspan="2">评价指标</td><td>评价情况</td><td>否定结果原因</td><td>自评</td><td>互评</td><td>师评</td></tr>
<tr><td>1</td><td>学习态度</td><td>□优秀 □良好 □一般 □差</td><td></td><td></td><td></td><td></td></tr>
<tr><td>2</td><td>知识学习</td><td>□优 □良 □中 □差</td><td></td><td></td><td></td><td></td></tr>
<tr><td>3</td><td>技能学习</td><td>□优 □良 □中 □差</td><td></td><td></td><td></td><td></td></tr>
<tr><td>4</td><td>完成时间</td><td>□提前 □准时 □延后 □未完成</td><td></td><td></td><td></td><td></td></tr>
<tr><td>5</td><td>保养质量</td><td>□合格 □不良 □返修 □报废</td><td></td><td></td><td></td><td></td></tr>
<tr><td>6</td><td>成果展示</td><td>□清晰流畅 □需要补充 □不清晰流畅</td><td></td><td></td><td></td><td></td></tr>
<tr><td>7</td><td>操作方法</td><td>□正确 □部分正确 □不正确</td><td></td><td></td><td></td><td></td></tr>
<tr><td>8</td><td>安全规范</td><td>□很好 □好 □较好 □不好</td><td></td><td></td><td></td><td></td></tr>
<tr><td>9</td><td>7S 管理</td><td>□很好 □好 □较好 □不好</td><td></td><td></td><td></td><td></td></tr>
<tr><td>10</td><td>分工协作</td><td>□很好 □好 □较好 □不好</td><td></td><td></td><td></td><td></td></tr>
<tr><td>11</td><td>沟通交流</td><td>□很好 □好 □较好 □不好</td><td></td><td></td><td></td><td></td></tr>
<tr><td>12</td><td>问题解决</td><td>□及时 □较及时 □不及时</td><td></td><td></td><td></td><td></td></tr>
<tr><td>13</td><td>创新精神</td><td>□优秀 □良好 □一般 □不足</td><td></td><td></td><td></td><td></td></tr>
<tr><td>14</td><td>规划掌控</td><td>□很好 □好 □较好 □不好</td><td></td><td></td><td></td><td></td></tr>
<tr><td colspan="2" rowspan="2">学习任务完成自评总结</td><td colspan="2" rowspan="2"></td><td>亮点</td><td colspan="2"></td></tr>
<tr><td>缺点</td><td colspan="2"></td></tr>
<tr><td colspan="2">团队评价</td><td>团队自评　□优 □良 □中 □差</td><td>团队互评</td><td colspan="3">□优 □良 □中 □差</td></tr>
</table>

续表

<table>
<tr><td rowspan="7">学生个人评价</td><td rowspan="2">姓名</td><td colspan="16">项目</td></tr>
<tr><td>1</td><td>2</td><td>3</td><td>4</td><td>5</td><td>6</td><td>7</td><td>8</td><td>9</td><td>10</td><td>11</td><td>12</td><td>13</td><td>14</td><td>15</td><td>16</td></tr>
<tr><td></td><td></td><td></td><td></td><td></td><td></td><td></td><td></td><td></td><td></td><td></td><td></td><td></td><td></td><td></td><td></td><td></td></tr>
<tr><td></td><td></td><td></td><td></td><td></td><td></td><td></td><td></td><td></td><td></td><td></td><td></td><td></td><td></td><td></td><td></td><td></td></tr>
<tr><td></td><td></td><td></td><td></td><td></td><td></td><td></td><td></td><td></td><td></td><td></td><td></td><td></td><td></td><td></td><td></td><td></td></tr>
<tr><td></td><td></td><td></td><td></td><td></td><td></td><td></td><td></td><td></td><td></td><td></td><td></td><td></td><td></td><td></td><td></td><td></td></tr>
<tr><td></td><td></td><td></td><td></td><td></td><td></td><td></td><td></td><td></td><td></td><td></td><td></td><td></td><td></td><td></td><td></td><td></td></tr>
<tr><td rowspan="2">审定意见</td><td colspan="5">学习组长</td><td colspan="6">指导教师</td><td colspan="6">教研组长</td></tr>
<tr><td colspan="5">年 月 日</td><td colspan="6">年 月 日</td><td colspan="6">年 月 日</td></tr>
</table>

七、拓展学习

（一）学习感想交流

吉利控股董事长李书福在 2023 年新年致辞中说："2022 年，是吉利控股集团以电动化、智能化为核心，科技转型、生态协同的加速之年，吉利人坚持科技创新、提升协同优势，不断强化核心竞争力，积极融入新发展格局。"

机会总是留给有准备的人的。凭借稳定的供应链体系、高价值的品牌力以及领先的智能技术，吉利稳步前行、全面向新，为全球汽车产业发展注入更多的中国力量。

将你的感想分享给老师和同学吧！

（二）课后作业

1. 进行新能源汽车维护综合复习。
2. 进行新能源汽车维护实操项目的训练及拓展，举一反三，提升能力。

参考文献

[1] 杨小刚 . 新能源汽车维护与保养 [M] . 北京：北京理工大学出版社，2020.

[2] 吴书龙，金传琦，薛超仁 . 新能源汽车维护技术 [M] . 上海：同济大学出版社，2020.

[3] 张远亮 . 新能源汽车维护与保养 [M] . 成都：电子科技大学出版社，2019.

[4] 杨小刚 . 新能源汽车维护与保养（工单）[M] . 太原：三晋出版社，2020.

[5] 罗宏亮，汪亮，李小燕 . 新能源汽车维护与保养 [M] . 成都：西南交通大学出版社，2019.